HINDI
VOCABULAIRE

POUR L'AUTOFORMATION

FRANÇAIS
HINDI

Les mots les plus utiles
Pour enrichir votre vocabulaire et aiguiser
vos compétences linguistiques

5000 mots

T&P BOOKS

Vocabulaire Français-Hindi pour l'autoformation. 5000 mots
Dictionnaire thématique
Par Andrey Taranov

Les dictionnaires T&P Books ont pour but de vous aider à apprendre, à mémoriser et à réviser votre vocabulaire en langue étrangère. Ce dictionnaire thématique couvre tous les grands domaines du quotidien: l'économie, les sciences, la culture, etc ...

Acquérir du vocabulaire avec les dictionnaires thématiques T&P Books vous offre les avantages suivants:

- Les données d'origine sont regroupées de manière cohérente, ce qui vous permet une mémorisation lexicale optimale
- La présentation conjointe de mots ayant la même racine vous permet de mémoriser des groupes sémantiques entiers (plutôt que des mots isolés)
- Les sous-groupes sémantiques vous permettent d'associer les mots entre eux de manière logique, ce qui facilite votre consolidation du vocabulaire
- Votre maîtrise de la langue peut être évaluée en fonction du nombre de mots acquis

Copyright © 2016 T&P Books Publishing

Tous droits réservés. Sans permission écrite préalable des éditeurs, toute reproduction ou exploitation partielle ou intégrale de cet ouvrage est interdite, sous quelque forme et par quelque procédé (électronique ou mécanique) que ce soit, y compris la photocopie, l'enregistrement ou le recours à un système de stockage et de récupération des données.

T&P Books Publishing
www.tpbooks.com

ISBN: 978-1-78616-594-7

Ce livre existe également en format électronique.
Pour plus d'informations, veuillez consulter notre site: www.tpbooks.com ou rendez-vous sur ceux des grandes librairies en ligne.

VOCABULAIRE HINDI POUR L'AUTOFORMATION
Dictionnaire thématique

Les dictionnaires T&P Books ont pour but de vous aider à apprendre, à mémoriser et à réviser votre vocabulaire en langue étrangère. Ce lexique présente, de façon thématique, plus de 5000 mots les plus fréquents de la langue.

- Ce livre comporte les mots les plus couramment utilisés
- Son usage est recommandé en complément de l'étude de toute autre méthode de langue
- Il répond à la fois aux besoins des débutants et à ceux des étudiants en langues étrangères de niveau avancé
- Il est idéal pour un usage quotidien, des séances de révision ponctuelles et des tests d'auto-évaluation
- Il vous permet de tester votre niveau de vocabulaire

Spécificités de ce dictionnaire thématique:

- Les mots sont présentés de manière sémantique, et non alphabétique
- Ils sont répartis en trois colonnes pour faciliter la révision et l'auto-évaluation
- Les groupes sémantiques sont divisés en sous-groupes pour favoriser l'apprentissage
- Ce lexique donne une transcription simple et pratique de chaque mot en langue étrangère

Ce dictionnaire comporte 155 thèmes, dont:

les notions fondamentales, les nombres, les couleurs, les mois et les saisons, les unités de mesure, les vêtements et les accessoires, les aliments et la nutrition, le restaurant, la famille et les liens de parenté, le caractère et la personnalité, les sentiments et les émotions, les maladies, la ville et la cité, le tourisme, le shopping, l'argent, la maison, le foyer, le bureau, la vie de bureau, l'import-export, le marketing, la recherche d'emploi, les sports, l'éducation, l'informatique, l'Internet, les outils, la nature, les différents pays du monde, les nationalités, et bien d'autres encore ...

TABLE DES MATIÈRES

Guide de prononciation — 9
Abréviations — 11

CONCEPTS DE BASE — 12
Concepts de base. Partie 1 — 12

1. Les pronoms — 12
2. Adresser des vœux. Se dire bonjour. Se dire au revoir — 12
3. Comment s'adresser à quelqu'un — 13
4. Les nombres cardinaux. Partie 1 — 13
5. Les nombres cardinaux. Partie 2 — 14
6. Les nombres ordinaux — 15
7. Les nombres. Fractions — 15
8. Les nombres. Opérations mathématiques — 15
9. Les nombres. Divers — 15
10. Les verbes les plus importants. Partie 1 — 16
11. Les verbes les plus importants. Partie 2 — 17
12. Les verbes les plus importants. Partie 3 — 18
13. Les verbes les plus importants. Partie 4 — 18
14. Les couleurs — 19
15. Les questions — 20
16. Les prépositions — 21
17. Les mots-outils. Les adverbes. Partie 1 — 21
18. Les mots-outils. Les adverbes. Partie 2 — 23

Concepts de base. Partie 2 — 25

19. Les jours de la semaine — 25
20. Les heures. Le jour et la nuit — 25
21. Les mois. Les saisons — 26
22. Les unités de mesure — 28
23. Les récipients — 29

L'HOMME — 30
L'homme. Le corps humain — 30

24. La tête — 30
25. Le corps humain — 31

Les vêtements & les accessoires — 32

26. Les vêtements d'extérieur — 32
27. Men's & women's clothing — 32

28.	Les sous-vêtements	33
29.	Les chapeaux	33
30.	Les chaussures	33
31.	Les accessoires personnels	34
32.	Les vêtements. Divers	34
33.	L'hygiène corporelle. Les cosmétiques	35
34.	Les montres. Les horloges	36

Les aliments. L'alimentation   37

35.	Les aliments	37
36.	Les boissons	38
37.	Les légumes	39
38.	Les fruits. Les noix	40
39.	Le pain. Les confiseries	41
40.	Les plats cuisinés	41
41.	Les épices	42
42.	Les repas	43
43.	Le dressage de la table	43
44.	Le restaurant	44

La famille. Les parents. Les amis   45

45.	Les données personnelles. Les formulaires	45
46.	La famille. Les liens de parenté	45

La médecine   47

47.	Les maladies	47
48.	Les symptômes. Le traitement. Partie 1	48
49.	Les symptômes. Le traitement. Partie 2	49
50.	Les symptômes. Le traitement. Partie 3	50
51.	Les médecins	51
52.	Les médicaments. Les accessoires	51

L'HABITAT HUMAIN   52
La ville   52

53.	La ville. La vie urbaine	52
54.	Les institutions urbaines	53
55.	Les enseignes. Les panneaux	54
56.	Les transports en commun	55
57.	Le tourisme	56
58.	Le shopping	57
59.	L'argent	58
60.	La poste. Les services postaux	59

Le logement. La maison. Le foyer   60

61.	La maison. L'électricité	60

62. La villa et le manoir	60
63. L'appartement	60
64. Les meubles. L'intérieur	61
65. La literie	62
66. La cuisine	62
67. La salle de bains	63
68. Les appareils électroménagers	64

LES ACTIVITÉS HUMAINS 65
Le travail. Les affaires. Partie 1 65

69. Le bureau. La vie de bureau	65
70. Les processus d'affaires. Partie 1	66
71. Les processus d'affaires. Partie 2	67
72. L'usine. La production	68
73. Le contrat. L'accord	69
74. L'importation. L'exportation	70
75. La finance	70
76. La commercialisation. Le marketing	71
77. La publicité	71
78. Les opérations bancaires	72
79. Le téléphone. La conversation téléphonique	73
80. Le téléphone portable	73
81. La papeterie	74
82. Les types d'activités économiques	74

Le travail. Les affaires. Partie 2 77

83. Les foires et les salons	77
84. La recherche scientifique et les chercheurs	78

Les professions. Les métiers 79

85. La recherche d'emploi. Le licenciement	79
86. Les hommes d'affaires	79
87. Les métiers des services	80
88. Les professions militaires et leurs grades	81
89. Les fonctionnaires. Les prêtres	82
90. Les professions agricoles	82
91. Les professions artistiques	83
92. Les différents métiers	83
93. Les occupations. Le statut social	85

L'éducation 86

94. L'éducation	86
95. L'enseignement supérieur	87
96. Les disciplines scientifiques	88
97. Le système d'écriture et l'orthographe	88
98. Les langues étrangères	89

Les loisirs. Les voyages — 91

99. Les voyages. Les excursions — 91
100. L'hôtel — 91

LE MATÉRIEL TECHNIQUE. LES TRANSPORTS — 93
Le matériel technique — 93

101. L'informatique — 93
102. L'Internet. Le courrier électronique — 94
103. L'électricité — 95
104. Les outils — 95

Les transports — 98

105. L'avion — 98
106. Le train — 99
107. Le bateau — 100
108. L'aéroport — 101

Les grands événements de la vie — 103

109. Les fêtes et les événements — 103
110. L'enterrement. Le deuil — 104
111. La guerre. Les soldats — 104
112. La guerre. Partie 1 — 105
113. La guerre. Partie 2 — 107
114. Les armes — 108
115. Les hommes préhistoriques — 110
116. Le Moyen Âge — 110
117. Les dirigeants. Les responsables. Les autorités — 112
118. Les crimes. Les criminels. Partie 1 — 113
119. Les crimes. Les criminels. Partie 2 — 114
120. La police. La justice. Partie 1 — 115
121. La police. La justice. Partie 2 — 116

LA NATURE — 118
La Terre. Partie 1 — 118

122. L'espace cosmique — 118
123. La Terre — 119
124. Les quatre parties du monde — 120
125. Les océans et les mers — 120
126. Les noms des mers et des océans — 121
127. Les montagnes — 122
128. Les noms des chaînes de montagne — 123
129. Les fleuves — 123
130. Les noms des fleuves — 124
131. La forêt — 124
132. Les ressources naturelles — 125

La Terre. Partie 2 — 127

133.	Le temps	127
134.	Les intempéries. Les catastrophes naturelles	128

La faune — 129

135.	Les mammifères. Les prédateurs	129
136.	Les animaux sauvages	129
137.	Les animaux domestiques	130
138.	Les oiseaux	131
139.	Les poissons. Les animaux marins	133
140.	Les amphibiens. Les reptiles	133
141.	Les insectes	134

La flore — 135

142.	Les arbres	135
143.	Les arbustes	135
144.	Les fruits. Les baies	136
145.	Les fleurs. Les plantes	137
146.	Les céréales	138

LES PAYS DU MONDE. LES NATIONALITÉS — 139

147.	L'Europe de l'Ouest	139
148.	L'Europe Centrale et l'Europe de l'Est	139
149.	Les pays de l'ex-U.R.S.S.	140
150.	L'Asie	140
151.	L'Amérique du Nord	141
152.	L'Amérique Centrale et l'Amérique du Sud	141
153.	L'Afrique	142
154.	L'Australie et Océanie	142
155.	Les grandes villes	142

GUIDE DE PRONONCIATION

Lettre	Exemple en hindi	Alphabet phonétique T&P	Exemple en français

Voyelles

अ	अक्सर	[a]; [ɑ], [ə]	aller; record
आ	आगमन	[a:]	camarade
इ	इनाम	[i]	stylo
ई	ईश्वर	[i], [i:]	faillite
उ	उठना	[ʊ]	groupe
ऊ	ऊपर	[u:]	tour
ऋ	ऋग्वेद	[r, rʲ]	riche
ए	एकता	[e:]	aller
ऐ	ऐनक	[aj]	maillot
ओ	ओला	[o:]	tableau
औ	औरत	[au]	Arabie Saoudite
अं	अंजीर	[n]	parking
अः	अ से अः	[h]	[h] aspiré
ऑ	ऑफिस	[ɒ]	portier

Consonnes

क	कमरा	[k]	bocal
ख	खिड़की	[kh]	[k] aspiré
ग	गरज	[g]	gris
घ	घर	[gh]	[g] aspiré
ङ	डाकू	[n]	parking
च	चक्कर	[tʃ]	match
छ	छात्र	[tʃh]	[tsch] aspiré
ज	जाना	[dʒ]	adjoint
झ	झलक	[dʒ]	adjoint
ञ	विज्ञान	[ɲ]	canyon
ट	मटर	[t]	tennis
ठ	ठेका	[th]	[t] aspiré
ड	डंडा	[d]	document
ढ	ढलान	[d]	document
ण	क्षण	[n]	La consonne nasale rétroflexe
त	ताकत	[t]	tennis
थ	थकना	[th]	[t] aspiré
द	दरवाज़ा	[d]	document
ध	धोना	[d]	document
न	नाई	[n]	ananas

Lettre	Exemple en hindi	Alphabet phonétique T&P	Exemple en français
प	पिता	[p]	panama
फ	फल	[f]	formule
ब	बच्चा	[b]	bureau
भ	भाई	[b]	bureau
म	माता	[m]	minéral
य	याद	[j]	maillot
र	रीछ	[r]	racine, rouge
ल	लाल	[l]	vélo
व	वचन	[v]	rivière
श	शिक्षक	[ʃ]	chariot
ष	भाषा	[ʃ]	chariot
स	सोना	[s]	syndicat
ह	हज़ार	[h]	[h] aspiré

Consonnes supplémentaires

क़	क़लम	[q]	cadeau
ख़	ख़बर	[h]	[h] aspiré
ड़	लड़का	[r]	racine, rouge
ढ़	पढ़ना	[r]	racine, rouge
ग़	ग़लती	[ɣ]	g espagnol - amigo, magnífico
ज़	ज़िन्दगी	[z]	gazeuse
झ़	टेंझ़र	[ʒ]	jeunesse
फ़	फ़ौज	[f]	formule

ABRÉVIATIONS
employées dans ce livre

Abréviations en français

adj	-	adjective
adv	-	adverbe
anim.	-	animé
conj	-	conjonction
dénombr.	-	dénombrable
etc.	-	et cetera
f	-	nom féminin
f pl	-	féminin pluriel
fam.	-	familiar
fem.	-	féminin
form.	-	formal
inanim.	-	inanimé
indénombr.	-	indénombrable
m	-	nom masculin
m pl	-	masculin pluriel
m, f	-	masculin, féminin
masc.	-	masculin
math	-	mathematics
mil.	-	militaire
pl	-	pluriel
prep	-	préposition
pron	-	pronom
qch	-	quelque chose
qn	-	quelqu'un
sing.	-	singulier
v aux	-	verbe auxiliaire
v imp	-	verbe impersonnel
vi	-	verbe intransitif
vi, vt	-	verbe intransitif, transitif
vp	-	verbe pronominal
vt	-	verbe transitif

Abréviations en hindi

f	-	nom féminin
f pl	-	féminin pluriel
m	-	nom masculin
m pl	-	masculin pluriel

CONCEPTS DE BASE

Concepts de base. Partie 1

1. Les pronoms

je	मैं	main
tu	तुम	tum
il, elle, ça	वह	vah
nous	हम	ham
vous	आप	āp
ils, elles	वे	ve

2. Adresser des vœux. Se dire bonjour. Se dire au revoir

Bonjour! (fam.)	नमस्कार!	namaskār!
Bonjour! (form.)	नमस्ते!	namaste!
Bonjour! (le matin)	नमस्ते!	namaste!
Bonjour! (après-midi)	नमस्ते!	namaste!
Bonsoir!	नमस्ते!	namaste!
dire bonjour	नमस्कार कहना	namaskār kahana
Salut!	नमस्कार!	namaskār!
salut (m)	अभिवादन (m)	abhivādan
saluer (vt)	अभिवादन करना	abhivādan karana
Comment ça va?	आप कैसे हैं?	āp kaise hain?
Quoi de neuf?	क्या हाल है?	kya hāl hai?
Au revoir!	अलविदा!	alavida!
À bientôt!	फिर मिलेंगे!	fir milenge!
Adieu! (fam.)	अलिवदा!	alivada!
Adieu! (form.)	अलविदा!	alavida!
dire au revoir	अलविदा कहना	alavida kahana
Salut! (À bientôt!)	अलविदा!	alavida!
Merci!	धन्यवाद!	dhanyavād!
Merci beaucoup!	बहुत बहुत शुक्रिया!	bahut bahut shukriya!
Je vous en prie	कोई बात नहीं	koī bāt nahin
Il n'y a pas de quoi	कोई बात नहीं	koī bāt nahin
Pas de quoi	कोई बात नहीं	koī bāt nahin
Excuse-moi!	माफ़ कीजिएगा!	māf kījiega!
Excusez-moi!	माफ़ी कीजियेगा!	māfī kījiyega!
excuser (vt)	माफ़ करना	māf karana
s'excuser (vp)	माफ़ी मांगना	māfī māngana
Mes excuses	मुझे माफ़ कीजिएगा	mujhe māf kījiega

Pardonnez-moi!	मुझे माफ़ कीजिएगा!	mujhe māf kījiega!
pardonner (vt)	माफ़ करना	māf karana
s'il vous plaît	कृप्या	krpya

N'oubliez pas!	भूलना नहीं!	bhūlana nahin!
Bien sûr!	ज़रूर!	zarūr!
Bien sûr que non!	बिल्कुल नहीं!	bilkul nahin!
D'accord!	ठीक है!	thīk hai!
Ça suffit!	बहुत हुआ!	bahut hua!

3. Comment s'adresser à quelqu'un

monsieur	श्रीमान	shrīmān
madame	श्रीमती	shrīmatī
madame (mademoiselle)	मैम	maim
jeune homme	बेटा	beta
petit garçon	बेटा	beta
petite fille	कुमारी	kumārī

4. Les nombres cardinaux. Partie 1

zéro	ज़ीरो	zīro
un	एक	ek
deux	दो	do
trois	तीन	tīn
quatre	चार	chār

cinq	पाँच	pānch
six	छह	chhah
sept	सात	sāt
huit	आठ	āth
neuf	नौ	nau

dix	दस	das
onze	ग्यारह	gyārah
douze	बारह	bārah
treize	तेरह	terah
quatorze	चौदह	chaudah

quinze	पन्द्रह	pandrah
seize	सोलह	solah
dix-sept	सत्रह	satrah
dix-huit	अठारह	athārah
dix-neuf	उन्नीस	unnīs

vingt	बीस	bīs
vingt et un	इक्कीस	ikkīs
vingt-deux	बाईस	baīs
vingt-trois	तेईस	teīs

trente	तीस	tīs
trente et un	इकत्तीस	ikattīs

trente-deux	बत्तीस	battīs
trente-trois	तैंतीस	taintīs
quarante	चालीस	chālīs
quarante et un	इत्तालीस	iktālīs
quarante-deux	बयालीस	bayālīs
quarante-trois	तैंतालीस	taintālīs
cinquante	पचास	pachās
cinquante et un	इक्यावन	ikyāvan
cinquante-deux	बावन	bāvan
cinquante-trois	तिरपन	tirapan
soixante	साठ	sāth
soixante et un	इकसठ	ikasath
soixante-deux	बासठ	bāsath
soixante-trois	तिरसठ	tirasath
soixante-dix	सत्तर	sattar
soixante et onze	इकहत्तर	ikahattar
soixante-douze	बहत्तर	bahattar
soixante-treize	तिहत्तर	tihattar
quatre-vingts	अस्सी	assī
quatre-vingt et un	इक्यासी	ikyāsī
quatre-vingt deux	बयासी	bayāsī
quatre-vingt trois	तिरासी	tirāsī
quatre-vingt-dix	नब्बे	nabbe
quatre-vingt et onze	इक्यानवे	ikyānave
quatre-vingt-douze	बानवे	bānave
quatre-vingt-treize	तिरानवे	tirānave

5. Les nombres cardinaux. Partie 2

cent	सौ	sau
deux cents	दो सौ	do sau
trois cents	तीन सौ	tīn sau
quatre cents	चार सौ	chār sau
cinq cents	पाँच सौ	pānch sau
six cents	छह सौ	chhah sau
sept cents	सात सो	sāt so
huit cents	आठ सौ	āth sau
neuf cents	नौ सौ	nau sau
mille	एक हज़ार	ek hazār
deux mille	दो हज़ार	do hazār
trois mille	तीन हज़ार	tīn hazār
dix mille	दस हज़ार	das hazār
cent mille	एक लाख	ek lākh
million (m)	दस लाख (m)	das lākh
milliard (m)	अरब (m)	arab

6. Les nombres ordinaux

premier (adj)	पहला	pahala
deuxième (adj)	दूसरा	dūsara
troisième (adj)	तीसरा	tīsara
quatrième (adj)	चौथा	chautha
cinquième (adj)	पाँचवाँ	pānchavān
sixième (adj)	छठा	chhatha
septième (adj)	सातवाँ	sātavān
huitième (adj)	आठवाँ	āthavān
neuvième (adj)	नौवाँ	nauvān
dixième (adj)	दसवाँ	dasavān

7. Les nombres. Fractions

fraction (f)	अपूर्णांक (m)	apūrnānk
un demi	आधा	ādha
un tiers	एक तीहाई	ek tīhaī
un quart	एक चौथाई	ek chauthaī
un huitième	आठवां हिस्सा	āthavān hissa
un dixième	दसवां हिस्सा	dasavān hissa
deux tiers	दो तिहाई	do tihaī
trois quarts	पौना	pauna

8. Les nombres. Opérations mathématiques

soustraction (f)	घटाव (m)	ghatāv
soustraire (vt)	घटाना	ghatāna
division (f)	विभाजन (m)	vibhājan
diviser (vt)	विभाजित करना	vibhājit karana
addition (f)	जोड़ (m)	jor
additionner (vt)	जोड़ करना	jor karana
ajouter (vt)	जोड़ना	jorana
multiplication (f)	गुणन (m)	gunan
multiplier (vt)	गुणा करना	guna karana

9. Les nombres. Divers

chiffre (m)	अंक (m)	ank
nombre (m)	संख्या (f)	sankhya
adjectif (m) numéral	संख्यावाचक (m)	sankhyāvāchak
moins (m)	घटाव चिह्न (m)	ghatāv chihn
plus (m)	जोड़ चिह्न (m)	jor chihn
formule (f)	फ़ारमूला	fāramūla
calcul (m)	गणना (f)	ganana
compter (vt)	गिनना	ginana

calculer (vt)	गिनती करना	ginatī karana
comparer (vt)	तुलना करना	tulana karana
Combien?	कितना?	kitana?
somme (f)	कुल (m)	kul
résultat (m)	नतीजा (m)	natīja
reste (m)	शेष (m)	shesh
quelques ...	कुछ	kuchh
peu de ...	थोड़ा ...	thora ...
reste (m)	बाक़ी	bāqī
un et demi	डेढ़	derh
douzaine (f)	दर्जन (m)	darjan
en deux (adv)	दो भागों में	do bhāgon men
en parties égales	बराबर	barābar
moitié (f)	आधा (m)	ādha
fois (f)	बार (m)	bār

10. Les verbes les plus importants. Partie 1

aider (vt)	मदद करना	madad karana
aimer (qn)	प्यार करना	pyār karana
aller (à pied)	जाना	jāna
apercevoir (vt)	देखना	dekhana
appartenir à ...	स्वामी होना	svāmī hona
appeler (au secours)	बुलाना	bulāna
attendre (vt)	इंतज़ार करना	intazār karana
attraper (vt)	पकड़ना	pakarana
avertir (vt)	चेतावनी देना	chetāvanī dena
avoir (vt)	होना	hona
avoir confiance	यकीन करना	yakīn karana
avoir faim	भूख लगना	bhūkh lagana
avoir peur	डरना	darana
avoir soif	प्यास लगना	pyās lagana
cacher (vt)	छिपाना	chhipāna
casser (briser)	तोड़ना	torana
cesser (vt)	बंद करना	band karana
changer (vt)	बदलना	badalana
chasser (animaux)	शिकार करना	shikār karana
chercher (vt)	तलाश करना	talāsh karana
choisir (vt)	चुनना	chunana
commander (~ le menu)	ऑर्डर करना	ordar karana
commencer (vt)	शुरू करना	shurū karana
comparer (vt)	तुलना करना	tulana karana
comprendre (vt)	समझना	samajhana
compter (dénombrer)	गिनना	ginana
compter sur ...	भरोसा रखना	bharosa rakhana
confondre (vt)	गड़बड़ा जाना	garabara jāna

connaître (qn)	जानना	jānana
conseiller (vt)	सलाह देना	salāh dena
continuer (vt)	जारी रखना	jārī rakhana
contrôler (vt)	नियंत्रित करना	niyantrit karana
courir (vi)	दौड़ना	daurana
coûter (vt)	दाम होना	dām hona
créer (vt)	बनाना	banāna
creuser (vt)	खोदना	khodana
crier (vi)	चिल्लाना	chillāna

11. Les verbes les plus importants. Partie 2

décorer (~ la maison)	सजाना	sajāna
défendre (vt)	रक्षा करना	raksha karana
déjeuner (vi)	दोपहर का भोजन करना	dopahar ka bhojan karana
demander (~ l'heure)	पूछना	pūchhana
demander (de faire qch)	मांगना	māngana
descendre (vi)	उतरना	utarana
deviner (vt)	अंदाज़ा लगाना	andāza lagāna
dîner (vi)	रात्रिभोज करना	rātribhoj karana
dire (vt)	कहना	kahana
diriger (~ une usine)	प्रबंधन करना	prabandhan karana
discuter (vt)	चर्चा करना	charcha karana
donner (vt)	देना	dena
donner un indice	इशारा करना	ishāra karana
douter (vt)	शक करना	shak karana
écrire (vt)	लिखना	likhana
entendre (bruit, etc.)	सुनना	sunana
entrer (vi)	अंदर आना	andar āna
envoyer (vt)	भेजना	bhejana
espérer (vi)	आशा करना	āsha karana
essayer (vt)	कोशिश करना	koshish karana
être (vi)	होना	hona
être d'accord	राज़ी होना	rāzī hona
être nécessaire	आवश्यक होना	āvashyak hona
être pressé	जल्दी करना	jaldī karana
étudier (vt)	पढ़ाई करना	parhaī karana
exiger (vt)	मांगना	māngana
exister (vi)	होना	hona
expliquer (vt)	समझाना	samajhāna
faire (vt)	करना	karana
faire tomber	गिराना	girāna
finir (vt)	ख़त्म करना	khatm karana
garder (conserver)	रखना	rakhana
gronder, réprimander (vt)	डांटना	dāntana
informer (vt)	ख़बर देना	khabar dena
insister (vi)	आग्रह करना	āgrah karana

insulter (vt)	अपमान करना	apamān karana
inviter (vt)	आमंत्रित करना	āmantrit karana
jouer (s'amuser)	खेलना	khelana

12. Les verbes les plus importants. Partie 3

libérer (ville, etc.)	आज़ाद करना	āzād karana
lire (vi, vt)	पढ़ना	parhana
louer (prendre en location)	किराए पर लेना	kirae par lena
manquer (l'école)	ग़ैर-हाज़िर होना	gair-hāzir hona
menacer (vt)	धमकाना	dhamakāna
mentionner (vt)	उल्लेख करना	ullekh karana
montrer (vt)	दिखाना	dikhāna
nager (vi)	तैरना	tairana
objecter (vt)	एतराज़ करना	etarāz karana
observer (vt)	देखना	dekhana
ordonner (mil.)	हुक्म देना	hukm dena
oublier (vt)	भूलना	bhūlana
ouvrir (vt)	खोलना	kholana
pardonner (vt)	क्षमा करना	kshama karana
parler (vi, vt)	बोलना	bolana
participer à ...	भाग लेना	bhāg lena
payer (régler)	दाम चुकाना	dām chukāna
penser (vi, vt)	सोचना	sochana
permettre (vt)	अनुमति देना	anumati dena
plaire (être apprécié)	पसंद करना	pasand karana
plaisanter (vi)	मज़ाक करना	mazāk karana
planifier (vt)	योजना बनाना	yojana banāna
pleurer (vi)	रोना	rona
posséder (vt)	मालिक होना	mālik hona
pouvoir (v aux)	सकना	sakana
préférer (vt)	तरजीह देना	tarajīh dena
prendre (vt)	लेना	lena
prendre en note	लिख लेना	likh lena
prendre le petit déjeuner	नाश्ता करना	nāshta karana
préparer (le dîner)	खाना बनाना	khāna banāna
prévoir (vt)	उम्मीद करना	ummīd karana
prier (~ Dieu)	दुआ देना	dua dena
promettre (vt)	वचन देना	vachan dena
prononcer (vt)	उच्चारण करना	uchchāran karana
proposer (vt)	प्रस्ताव रखना	prastāv rakhana
punir (vt)	सज़ा देना	saza dena

13. Les verbes les plus importants. Partie 4

recommander (vt)	सिफ़ारिश करना	sifārish karana
regretter (vt)	अफ़सोस जताना	afasos jatāna

répéter (dire encore)	दोहराना	doharāna
répondre (vi, vt)	जवाब देना	javāb dena
réserver (une chambre)	बुक करना	buk karana
rester silencieux	चुप रहना	chup rahana
réunir (regrouper)	संयुक्त करना	sanyukt karana
rire (vi)	हंसना	hansana
s'arrêter (vp)	रुकना	rukana
s'asseoir (vp)	बैठना	baithana
sauver (la vie à qn)	बचाना	bachāna
savoir (qch)	मालूम होना	mālūm hona
se baigner (vp)	तैरना	tairana
se plaindre (vp)	शिकायत करना	shikāyat karana
se refuser (vp)	इन्कार करना	inkār karana
se tromper (vp)	गलती करना	galatī karana
se vanter (vp)	डींग मारना	dīng mārana
s'étonner (vp)	हैरान होना	hairān hona
s'excuser (vp)	माफ़ी मांगना	māfī māngana
signer (vt)	हस्ताक्षर करना	hastākshar karana
signifier (vt)	अर्थ होना	arth hona
s'intéresser (vp)	रुचि लेना	ruchi lena
sortir (aller dehors)	बाहर जाना	bāhar jāna
sourire (vi)	मुस्कुराना	muskurāna
sous-estimer (vt)	कम मूल्यांकन करना	kam mūlyānkan karana
suivre ... (suivez-moi)	पीछे चलना	pīchhe chalana
tirer (vi)	गोली चलाना	golī chalāna
tomber (vi)	गिरना	girana
toucher (avec les mains)	छूना	chhūna
tourner (~ à gauche)	मुड़ जाना	mur jāna
traduire (vt)	अनुवाद करना	anuvād karana
travailler (vi)	काम करना	kām karana
tromper (vt)	धोखा देना	dhokha dena
trouver (vt)	ढूँढना	dhūrhana
tuer (vt)	मार डालना	mār dālana
vendre (vt)	बेचना	bechana
venir (vi)	पहुँचना	pahunchana
voir (vt)	देखना	dekhana
voler (avion, oiseau)	उड़ना	urana
voler (qch à qn)	चुराना	churāna
vouloir (vt)	चाहना	chāhana

14. Les couleurs

couleur (f)	रंग (m)	rang
teinte (f)	रंग (m)	rang
ton (m)	रंग (m)	rang
arc-en-ciel (m)	इन्द्रधनुष (f)	indradhanush
blanc (adj)	सफ़ेद	safed

noir (adj)	काला	kāla
gris (adj)	धूसर	dhūsar
vert (adj)	हरा	hara
jaune (adj)	पीला	pīla
rouge (adj)	लाल	lāl
bleu (adj)	नीला	nīla
bleu clair (adj)	हल्का नीला	halka nīla
rose (adj)	गुलाबी	gulābī
orange (adj)	नारंगी	nārangī
violet (adj)	बैंगनी	bainganī
brun (adj)	भूरा	bhūra
d'or (adj)	सुनहरा	sunahara
argenté (adj)	चाँदी-जैसा	chāndī-jaisa
beige (adj)	हल्का भूरा	halka bhūra
crème (adj)	क्रीम	krīm
turquoise (adj)	फ़ीरोज़ी	fīrozī
rouge cerise (adj)	चेरी जैसा लाल	cherī jaisa lāl
lilas (adj)	हल्का बैंगनी	halka bainganī
framboise (adj)	गहरा लाल	gahara lāl
clair (adj)	हल्का	halka
foncé (adj)	गहरा	gahara
vif (adj)	चमकीला	chamakīla
de couleur (adj)	रंगीन	rangīn
en couleurs (adj)	रंगीन	rangīn
noir et blanc (adj)	काला-सफ़ेद	kāla-safed
unicolore (adj)	एक रंग का	ek rang ka
multicolore (adj)	बहुरंगी	bahurangī

15. Les questions

Qui?	कौन?	kaun?
Quoi?	क्या?	kya?
Où? (~ es-tu?)	कहाँ?	kahān?
Où? (~ vas-tu?)	किधर?	kidhar?
D'où?	कहाँ से?	kahān se?
Quand?	कब?	kab?
Pourquoi? (~ es-tu venu?)	क्यों?	kyon?
Pourquoi? (~ t'es pâle?)	क्यों?	kyon?
À quoi bon?	किस लिये?	kis liye?
Comment?	कैसे?	kaise?
Quel? (à ~ prix?)	कौन-सा?	kaun-sa?
Lequel?	कौन-सा?	kaun-sa?
À qui? (pour qui?)	किसको?	kisako?
De qui?	किसके बारे में?	kisake bāre men?
De quoi?	किसके बारे में?	kisake bāre men?
Avec qui?	किसके?	kisake?

| Combien? | कितना? | kitana? |
| À qui? (~ est ce livre?) | किसका? | kisaka? |

16. Les prépositions

avec (~ toi)	के साथ	ke sāth
sans (~ sucre)	के बिना	ke bina
à (aller ~ ...)	की तरफ़	kī taraf
de (au sujet de)	के बारे में	ke bāre men
avant (~ midi)	के पहले	ke pahale
devant (~ la maison)	के सामने	ke sāmane
sous (~ la commode)	के नीचे	ke nīche
au-dessus de ...	के ऊपर	ke ūpar
sur (dessus)	पर	par
de (venir ~ Paris)	से	se
en (en bois, etc.)	से	se
dans (~ deux heures)	में	men
par dessus	के ऊपर चढ़कर	ke ūpar charhakar

17. Les mots-outils. Les adverbes. Partie 1

Où? (~ es-tu?)	कहाँ?	kahān?
ici (c'est ~)	यहाँ	yahān
là-bas (c'est ~)	वहां	vahān
quelque part (être)	कहीं	kahīn
nulle part (adv)	कहीं नहीं	kahīn nahin
près de ...	के पास	ke pās
près de la fenêtre	खिड़की के पास	khirakī ke pās
Où? (~ vas-tu?)	किधर?	kidhar?
ici (Venez ~)	इधर	idhar
là-bas (j'irai ~)	उधर	udhar
d'ici (adv)	यहां से	yahān se
de là-bas (adv)	वहां से	vahān se
près (pas loin)	पास	pās
loin (adv)	दूर	dūr
près de (~ Paris)	निकट	nikat
tout près (adv)	पास	pās
pas loin (adv)	दूर नहीं	dūr nahin
gauche (adj)	बायाँ	bāyān
à gauche (être ~)	बायीं तरफ़	bāyīn taraf
à gauche (tournez ~)	बायीं तरफ़	bāyīn taraf
droit (adj)	दायां	dāyān
à droite (être ~)	दायीं तरफ़	dāyīn taraf

à droite (tournez ~)	दायीं तरफ़	dāyīn taraf
devant (adv)	सामने	sāmane
de devant (adj)	सामने का	sāmane ka
en avant (adv)	आगे	āge
derrière (adv)	पीछे	pīchhe
par derrière (adv)	पीछे से	pīchhe se
en arrière (regarder ~)	पीछे	pīchhe
milieu (m)	बीच (m)	bīch
au milieu (adv)	बीच में	bīch men
de côté (vue ~)	कोने में	kone men
partout (adv)	सभी	sabhī
autour (adv)	आस-पास	ās-pās
de l'intérieur	अंदर से	andar se
quelque part (aller)	कहीं	kahīn
tout droit (adv)	सीधे	sīdhe
en arrière (revenir ~)	वापस	vāpas
de quelque part (n'import d'où)	कहीं से भी	kahīn se bhī
de quelque part (on ne sait pas d'où)	कहीं से	kahīn se
premièrement (adv)	पहले	pahale
deuxièmement (adv)	दूसरा	dūsara
troisièmement (adv)	तीसरा	tīsara
soudain (adv)	अचानक	achānak
au début (adv)	शुरू में	shurū men
pour la première fois	पहली बार	pahalī bār
bien avant ...	बहुत समय पहले ...	bahut samay pahale ...
de nouveau (adv)	नई शुरुआत	naī shuruāt
pour toujours (adv)	हमेशा के लिए	hamesha ke lie
jamais (adv)	कभी नहीं	kabhī nahin
de nouveau, encore (adv)	फिर से	fir se
maintenant (adv)	अब	ab
souvent (adv)	अकसर	akasar
alors (adv)	तब	tab
d'urgence (adv)	तत्काल	tatkāl
d'habitude (adv)	आमतौर पर	āmataur par
à propos, ...	प्रसंगवश	prasangavash
c'est possible	मुमकिन	mumakin
probablement (adv)	संभव	sambhav
peut-être (adv)	शायद	shāyad
en plus, ...	इस के अलावा	is ke alāva
c'est pourquoi ...	इस लिए	is lie
malgré ...	फिर भी ...	fir bhī ...
grâce à ...	... की मेहरबानी से	... kī meharabānī se
quoi (pron)	क्या	kya
que (conj)	कि	ki

quelque chose (Il m'est arrivé ~)	कुछ	kuchh
quelque chose (peut-on faire ~)	कुछ भी	kuchh bhī
rien (m)	कुछ नहीं	kuchh nahin
qui (pron)	कौन	kaun
quelqu'un (on ne sait pas qui)	कोई	koī
quelqu'un (n'importe qui)	कोई	koī
personne (pron)	कोई नहीं	koī nahin
nulle part (aller ~)	कहीं नहीं	kahīn nahin
de personne	किसी का नहीं	kisī ka nahin
de n'importe qui	किसी का	kisī ka
comme ça (adv)	कितना	kitana
également (adv)	भी	bhī
aussi (adv)	भी	bhī

18. Les mots-outils. Les adverbes. Partie 2

Pourquoi?	क्यों?	kyon?
pour une certaine raison	किसी कारणवश	kisī kāranavash
parce que ...	क्यों कि ...	kyon ki ...
pour une raison quelconque	किसी वजह से	kisī vajah se
et (conj)	और	aur
ou (conj)	या	ya
mais (conj)	लेकिन	lekin
pour ... (prep)	के लिए	ke lie
trop (adv)	ज़्यादा	zyāda
seulement (adv)	सिर्फ़	sirf
précisément (adv)	ठीक	thīk
près de ... (prep)	करीब	karīb
approximativement	लगभग	lagabhag
approximatif (adj)	अनुमानित	anumānit
presque (adv)	करीब	karīb
reste (m)	बाक़ी	bāqī
chaque (adj)	हर एक	har ek
n'importe quel (adj)	कोई	koī
beaucoup (adv)	बहुत	bahut
plusieurs (pron)	बहुत लोग	bahut log
tous	सभी	sabhī
en échange de ...	... के बदले में	... ke badale men
en échange (adv)	की जगह	kī jagah
à la main (adv)	हाथ से	hāth se
peu probable (adj)	शायद ही	shāyad hī
probablement (adv)	शायद	shāyad
exprès (adv)	जानबूझकर	jānabūjhakar

par accident (adv)	संयोगवश	sanyogavash
très (adv)	बहुत	bahut
par exemple (adv)	उदाहरण के लिए	udāharan ke lie
entre (prep)	के बीच	ke bīch
parmi (prep)	में	men
autant (adv)	इतना	itana
surtout (adv)	ख़ासतौर पर	khāsataur par

Concepts de base. Partie 2

19. Les jours de la semaine

lundi (m)	सोमवार (m)	somavār
mardi (m)	मंगलवार (m)	mangalavār
mercredi (m)	बुधवार (m)	budhavār
jeudi (m)	गुरूवार (m)	gurūvār
vendredi (m)	शुक्रवार (m)	shukravār
samedi (m)	शनिवार (m)	shanivār
dimanche (m)	रविवार (m)	ravivār
aujourd'hui (adv)	आज	āj
demain (adv)	कल	kal
après-demain (adv)	परसों	parason
hier (adv)	कल	kal
avant-hier (adv)	परसों	parason
jour (m)	दिन (m)	din
jour (m) ouvrable	कार्यदिवस (m)	kāryadivas
jour (m) férié	सार्वजनिक छुट्टी (f)	sārvajanik chhuttī
jour (m) de repos	छुट्टी का दिन (m)	chhuttī ka din
week-end (m)	सप्ताहांत (m)	saptāhānt
toute la journée	सारा दिन	sāra din
le lendemain	अगला दिन	agala din
il y a 2 jours	दो दिन पहले	do din pahale
la veille	एक दिन पहले	ek din pahale
quotidien (adj)	दैनिक	dainik
tous les jours	हर दिन	har din
semaine (f)	हफ़्ता (f)	hafata
la semaine dernière	पिछले हफ़्ते	pichhale hafate
la semaine prochaine	अगले हफ़्ते	agale hafate
hebdomadaire (adj)	सप्ताहिक	saptāhik
chaque semaine	हर हफ़्ते	har hafate
2 fois par semaine	हफ़्ते में दो बार	hafate men do bār
tous les mardis	हर मंगलवार को	har mangalavār ko

20. Les heures. Le jour et la nuit

matin (m)	सुबह (m)	subah
le matin	सुबह में	subah men
midi (m)	दोपहर (m)	dopahar
dans l'après-midi	दोपहर में	dopahar men
soir (m)	शाम (m)	shām
le soir	शाम में	shām men

nuit (f)	रात	rāt
la nuit	रात में	rāt men
minuit (f)	आधी रात (f)	ādhī rāt
seconde (f)	सेकन्ड (m)	sekand
minute (f)	मिनट (m)	minat
heure (f)	घंटा (m)	ghanta
demi-heure (f)	आधा घंटा	ādha ghanta
un quart d'heure	सवा	sava
quinze minutes	पंद्रह मीनट	pandrah mīnat
vingt-quatre heures	24 घंटे (m)	chaubīs ghante
lever (m) du soleil	सूर्योदय (m)	sūryoday
aube (f)	सूर्योदय (m)	sūryoday
point (m) du jour	प्रातःकाल (m)	prātahkāl
coucher (m) du soleil	सूर्यास्त (m)	sūryāst
tôt le matin	सुबह-सवेरे	subah-savere
ce matin	इस सुबह	is subah
demain matin	कल सुबह	kal subah
cet après-midi	आज शाम	āj shām
dans l'après-midi	दोपहर में	dopahar men
demain après-midi	कल दोपहर	kal dopahar
ce soir	आज शाम	āj shām
demain soir	कल रात	kal rāt
à 3 heures précises	ठीक तीन बजे में	thīk tīn baje men
autour de 4 heures	लगभग चार बजे	lagabhag chār baje
vers midi	बारह बजे तक	bārah baje tak
dans 20 minutes	बीस मीनट में	bīs mīnat men
dans une heure	एक घंटे में	ek ghante men
à temps	ठीक समय पर	thīk samay par
... moins le quart	पौने ... बजे	paune ... baje
en une heure	एक घंटे के अंदर	ek ghante ke andar
tous les quarts d'heure	हर पंद्रह मीनट	har pandrah mīnat
24 heures sur 24	दिन-रात (m pl)	din-rāt

21. Les mois. Les saisons

janvier (m)	जनवरी (m)	janavarī
février (m)	फ़रवरी (m)	faravarī
mars (m)	मार्च (m)	mārch
avril (m)	अप्रैल (m)	aprail
mai (m)	माई (m)	maī
juin (m)	जून (m)	jūn
juillet (m)	जुलाई (m)	julaī
août (m)	अंगस्त (m)	agast
septembre (m)	सितम्बर (m)	sitambar
octobre (m)	अक्तूबर (m)	aktūbar

novembre (m)	नवम्बर (m)	navambar
décembre (m)	दिसम्बर (m)	disambar
printemps (m)	वसन्त (m)	vasant
au printemps	वसन्त में	vasant men
de printemps (adj)	वसन्त	vasant
été (m)	गरमी (f)	garamī
en été	गरमियों में	garamiyon men
d'été (adj)	गरमी	garamī
automne (m)	शरद (m)	sharad
en automne	शरद में	sharad men
d'automne (adj)	शरद	sharad
hiver (m)	सर्दी (f)	sardī
en hiver	सर्दियों में	sardiyon men
d'hiver (adj)	सर्दी	sardī
mois (m)	महीना (m)	mahīna
ce mois	इस महीने	is mahīne
le mois prochain	अगले महीने	agale mahīne
le mois dernier	पिछले महीने	pichhale mahīne
il y a un mois	एक महीने पहले	ek mahīne pahale
dans un mois	एक महीने में	ek mahīne men
dans 2 mois	दो महीने में	do mahīne men
tout le mois	पूरे महीने	pūre mahīne
tout un mois	पूरे महीने	pūre mahīne
mensuel (adj)	मासिक	māsik
mensuellement	हर महीने	har mahīne
chaque mois	हर महीने	har mahīne
2 fois par mois	महीने में दो बार	mahine men do bār
année (f)	वर्ष (m)	varsh
cette année	इस साल	is sāl
l'année prochaine	अगले साल	agale sāl
l'année dernière	पिछले साल	pichhale sāl
il y a un an	एक साल पहले	ek sāl pahale
dans un an	एक साल में	ek sāl men
dans 2 ans	दो साल में	do sāl men
toute l'année	पूरा साल	pūra sāl
toute une année	पूरा साल	pūra sāl
chaque année	हर साल	har sāl
annuel (adj)	वार्षिक	vārshik
annuellement	वार्षिक	vārshik
4 fois par an	साल में चार बार	sāl men chār bār
date (f) (jour du mois)	तारीख़ (f)	tārīkh
date (f) (~ mémorable)	तारीख़ (f)	tārīkh
calendrier (m)	कैलेन्डर (m)	kailendar
six mois	आधे वर्ष (m)	ādhe varsh
semestre (m)	छमाही (f)	chhamāhī

saison (f)	मौसम (m)	mausam
siècle (m)	शताबदी (f)	shatābadī

22. Les unités de mesure

poids (m)	वज़न (m)	vazan
longueur (f)	लम्बाई (f)	lambaī
largeur (f)	चौड़ाई (f)	chauraī
hauteur (f)	ऊंचाई (f)	ūnchaī
profondeur (f)	गहराई (f)	gaharaī
volume (m)	घनत्व (f)	ghanatv
aire (f)	क्षेत्रफल (m)	kshetrafal
gramme (m)	ग्राम (m)	grām
milligramme (m)	मिलीग्राम (m)	milīgrām
kilogramme (m)	किलोग्राम (m)	kilogrām
tonne (f)	टन (m)	tan
livre (f)	पौण्ड (m)	paund
once (f)	औन्स (m)	auns
mètre (m)	मीटर (m)	mītar
millimètre (m)	मिलीमीटर (m)	milīmītar
centimètre (m)	सेंटीमीटर (m)	sentīmītar
kilomètre (m)	किलोमीटर (m)	kilomītar
mille (m)	मील (m)	mīl
pouce (m)	इंच (m)	inch
pied (m)	फुट (m)	fut
yard (m)	गज (m)	gaj
mètre (m) carré	वर्ग मीटर (m)	varg mītar
hectare (m)	हेक्टेयर (m)	hekteyar
litre (m)	लीटर (m)	lītar
degré (m)	डिग्री (m)	digrī
volt (m)	वोल्ट (m)	volt
ampère (m)	ऐम्पेयर (m)	aimpeyar
cheval-vapeur (m)	अश्व शक्ति (f)	ashv shakti
quantité (f)	मात्रा (f)	mātra
un peu de ...	कुछ ...	kuchh ...
moitié (f)	आधा (m)	ādha
douzaine (f)	दर्जन (m)	darjan
pièce (f)	टुकड़ा (m)	tukara
dimension (f)	माप (m)	māp
échelle (f) (de la carte)	पैमाना (m)	paimāna
minimal (adj)	न्यूनतम	nyūnatam
le plus petit (adj)	सब से छोटा	sab se chhota
moyen (adj)	मध्य	madhy
maximal (adj)	अधिकतम	adhikatam
le plus grand (adj)	सबसे बड़ा	sabase bara

23. Les récipients

bocal (m) en verre	शीशी (f)	shīshī
boîte, canette (f)	डिब्बा (m)	dibba
seau (m)	बाल्टी (f)	bāltī
tonneau (m)	पीपा (m)	pīpa
bassine, cuvette (f)	चिलमची (f)	chilamachī
cuve (f)	कुण्ड (m)	kund
flasque (f)	फ्लास्क (m)	flāsk
jerrican (m)	जेरिकैन (m)	jerikain
citerne (f)	टंकी (f)	tankī
tasse (f), mug (m)	मग (m)	mag
tasse (f)	प्याली (f)	pyālī
soucoupe (f)	सॉसर (m)	sosar
verre (m) (~ d'eau)	गिलास (m)	gilās
verre (m) à vin	वाइन गिलास (m)	vain gilās
faitout (m)	सॉसपैन (m)	sosapain
bouteille (f)	बोतल (f)	botal
goulot (m)	गला (m)	gala
carafe (f)	जग (m)	jag
pichet (m)	सुराही (f)	surāhī
récipient (m)	बर्तन (m)	baratan
pot (m)	घड़ा (m)	ghara
vase (m)	फूलदान (m)	fūladān
flacon (m)	शीशी (f)	shīshī
fiole (f)	शीशी (f)	shīshī
tube (m)	ट्यूब (m)	tyūb
sac (m) (grand ~)	थैला (m)	thaila
sac (m) (~ en plastique)	थैली (f)	thailī
paquet (m) (~ de cigarettes)	पैकेट (f)	paiket
boîte (f)	डिब्बा (m)	dibba
caisse (f)	डिब्बा (m)	dibba
panier (m)	टोकरी (f)	tokarī

L'HOMME

L'homme. Le corps humain

24. La tête

tête (f)	सिर (m)	sir
visage (m)	चेहरा (m)	chehara
nez (m)	नाक (f)	nāk
bouche (f)	मुँह (m)	munh
œil (m)	आँख (f)	āṅkh
les yeux	आँखें (f)	āṅkhen
pupille (f)	आँख की पुतली (f)	āṅkh kī putalī
sourcil (m)	भौंह (f)	bhaunh
cil (m)	बरौनी (f)	baraunī
paupière (f)	पलक (m)	palak
langue (f)	जीभ (m)	jībh
dent (f)	दाँत (f)	dānt
lèvres (f pl)	होंठ (m)	honth
pommettes (f pl)	गाल की हड्डी (f)	gāl kī haḍḍī
gencive (f)	मसूड़ा (m)	masūṛā
palais (m)	तालु (m)	tālu
narines (f pl)	नथने (m pl)	nathane
menton (m)	ठोड़ी (f)	thoṛī
mâchoire (f)	जबड़ा (m)	jabara
joue (f)	गाल (m)	gāl
front (m)	माथा (m)	māthā
tempe (f)	कनपट्टी (f)	kanapaṭṭī
oreille (f)	कान (m)	kān
nuque (f)	सिर का पिछला हिस्सा (m)	sir ka pichhala hissa
cou (m)	गरदन (m)	garadan
gorge (f)	गला (m)	gala
cheveux (m pl)	बाल (m pl)	bāl
coiffure (f)	हेयरस्टाइल (m)	heyarastail
coupe (f)	हेयरकट (m)	heyarakat
perruque (f)	नकली बाल (m)	nakalī bāl
moustache (f)	मूँछें (f pl)	mūnchhen
barbe (f)	दाढ़ी (f)	dārhī
porter (~ la barbe)	होना	hona
tresse (f)	चोटी (f)	chotī
favoris (m pl)	गलमुच्छा (m)	galamuchchha
roux (adj)	लाल बाल	lāl bāl
gris, grisonnant (adj)	सफ़ेद बाल	safed bāl

chauve (adj)	गंजा	ganja
calvitie (f)	गंजाई (f)	ganjaī
queue (f) de cheval	पोनी-टेल (f)	ponī-tel
frange (f)	बेंग (m)	beng

25. Le corps humain

main (f)	हाथ (m)	hāth
bras (m)	बाँह (f)	bānh
doigt (m)	उँगली (m)	ungalī
pouce (m)	अँगूठा (m)	angūtha
petit doigt (m)	छोटी उंगली (f)	chhotī ungalī
ongle (m)	नाखून (m)	nākhūn
poing (m)	मुट्ठी (m)	mutthī
paume (f)	हथेली (f)	hathelī
poignet (m)	कलाई (f)	kalaī
avant-bras (m)	प्रकोष्ठ (m)	prakoshth
coude (m)	कोहनी (f)	kohanī
épaule (f)	कंधा (m)	kandha
jambe (f)	टाँग (f)	tāng
pied (m)	पैर का तलवा (m)	pair ka talava
genou (m)	घुटना (m)	ghutana
mollet (m)	पिंडली (f)	pindalī
hanche (f)	जाँघ (f)	jāngh
talon (m)	एड़ी (f)	erī
corps (m)	शरीर (m)	sharīr
ventre (m)	पेट (m)	pet
poitrine (f)	सीना (m)	sīna
sein (m)	स्तन (f)	stan
côté (m)	कूल्हा (m)	kūlha
dos (m)	पीठ (f)	pīth
reins (région lombaire)	पीठ का निचला हिस्सा (m)	pīth ka nichala hissa
taille (f) (~ de guêpe)	कमर (f)	kamar
nombril (m)	नाभी (f)	nābhī
fesses (f pl)	नितंब (m pl)	nitamb
derrière (m)	नितम्ब (m)	nitamb
grain (m) de beauté	सौंदर्य चिन्ह (f)	saundary chinh
tache (f) de vin	जन्म चिह्न (m)	janm chihn
tatouage (m)	टैटू (m)	taitū
cicatrice (f)	घाव का निशान (m)	ghāv ka nishān

Les vêtements & les accessoires

26. Les vêtements d'extérieur

vêtement (m)	कपड़े (m)	kapare
survêtement (m)	बाहरी पोशाक (m)	bāharī poshāk
vêtement (m) d'hiver	सर्दियों की पोशक (f)	sardiyon kī poshak
manteau (m)	ओवरकोट (m)	ovarakot
manteau (m) de fourrure	फ़रकोट (m)	farakot
veste (f) de fourrure	फ़र की जैकेट (f)	far kī jaiket
manteau (m) de duvet	फ़ेदर कोट (m)	fedar kot
veste (f) (~ en cuir)	जैकेट (f)	jaiket
imperméable (m)	बरसाती (f)	barasātī
imperméable (adj)	जलरोधक	jalarodhak

27. Men's & women's clothing

chemise (f)	कमीज़ (f)	kamīz
pantalon (m)	पैंट (m)	paint
jean (m)	जीन्स (m)	jīns
veston (m)	कोट (m)	kot
complet (m)	सूट (m)	sūt
robe (f)	फ़्रॉक (f)	frok
jupe (f)	स्कर्ट (f)	skart
chemisette (f)	ब्लाउज़ (f)	blauz
veste (f) en laine	कार्डिगन (f)	kārdigan
jaquette (f), blazer (m)	जैकेट (f)	jaiket
tee-shirt (m)	टी-शर्ट (f)	tī-shart
short (m)	शोर्ट्स (m pl)	shorts
costume (m) de sport	ट्रैक सूट (m)	traik sūt
peignoir (m) de bain	बाथ रोब (m)	bāth rob
pyjama (m)	पजामा (m)	pajāma
chandail (m)	सूटर (m)	sūtar
pull-over (m)	पुलोवर (m)	pulovar
gilet (m)	बण्डी (m)	bandī
queue-de-pie (f)	टेल-कोट (m)	tel-kot
smoking (m)	डिनर-जैकेट (f)	dinar-jaiket
uniforme (m)	वर्दी (f)	vardī
tenue (f) de travail	वर्दी (f)	vardī
salopette (f)	ओवरऑल्स (m)	ovarols
blouse (f) (d'un médecin)	कोट (m)	kot

28. Les sous-vêtements

sous-vêtements (m pl)	अंगवस्त्र (m)	angavastr
maillot (m) de corps	बनियान (f)	baniyān
chaussettes (f pl)	मोज़े (m pl)	moze
chemise (f) de nuit	नाइट गाउन (m)	nait gaun
soutien-gorge (m)	ब्रा (f)	bra
chaussettes (f pl) hautes	घुटनों तक के मोज़े (m)	ghutanon tak ke moze
collants (m pl)	टाइट्स (m pl)	taits
bas (m pl)	स्टॉकिंग (m pl)	stāking
maillot (m) de bain	स्विम सूट (m)	svim sūt

29. Les chapeaux

chapeau (m)	टोपी (f)	topī
chapeau (m) feutre	हैट (f)	hait
casquette (f) de base-ball	बेसबॉल कैप (f)	baisbol kaip
casquette (f)	फ़्लैट कैप (f)	flait kaip
béret (m)	बेरेट (m)	beret
capuche (f)	हूड (m)	hūd
panama (m)	पनामा हैट (m)	panāma hait
bonnet (m) de laine	बुनी हुई टोपी (f)	bunī huī topī
foulard (m)	सिर का स्कार्फ़ (m)	sir ka skārf
chapeau (m) de femme	महिलाओं की टोपी (f)	mahilaon kī topī
casque (m) (d'ouvriers)	हेलमेट (f)	helamet
calot (m)	पुलिसीया टोपी (f)	pulisīya topī
casque (m) (~ de moto)	हेलमेट (f)	helamet
melon (m)	बॉलर हैट (m)	bolar hait
haut-de-forme (m)	टॉप हैट (m)	top hait

30. Les chaussures

chaussures (f pl)	पनही (f)	panahī
bottines (f pl)	जूते (m pl)	jūte
souliers (m pl) (~ plats)	जूते (m pl)	jūte
bottes (f pl)	बूट (m pl)	būt
chaussons (m pl)	चप्पल (f pl)	chappal
tennis (m pl)	टेनिस के जूते (m)	tenis ke jūte
baskets (f pl)	स्नीकर्स (m)	snīkars
sandales (f pl)	सैन्डल (f)	saindal
cordonnier (m)	मोची (m)	mochī
talon (m)	एड़ी (f)	erī
paire (f)	जोड़ा (m)	jora
lacet (m)	जूते का फ़ीता (m)	jūte ka fīta

lacer (vt)	फ़ीता बाँधना	fīta bāndhana
chausse-pied (m)	शू-हॉर्न (m)	shū-horn
cirage (m)	बूट-पालिश (m)	būt-pālish

31. Les accessoires personnels

gants (m pl)	दस्ताने (m pl)	dastāne
moufles (f pl)	दस्ताने (m pl)	dastāne
écharpe (f)	मफ़लर (m)	mafalar
lunettes (f pl)	ऐनक (m pl)	ainak
monture (f)	चश्मे का फ्रेम (m)	chashme ka frem
parapluie (m)	छतरी (f)	chhatarī
canne (f)	छड़ी (f)	chharī
brosse (f) à cheveux	ब्रश (m)	brash
éventail (m)	पंखा (m)	pankha
cravate (f)	टाई (f)	taī
nœud papillon (m)	बो टाई (f)	bo taī
bretelles (f pl)	पतलून बाँधने का फ़ीता (m)	patalūn bāndhane ka fīta
mouchoir (m)	रूमाल (m)	rūmāl
peigne (m)	कंघा (m)	kangha
barrette (f)	बालपिन (f)	bālapin
épingle (f) à cheveux	हेयरक्लीप (f)	heyaraklīp
boucle (f)	बकसुआ (m)	bakasua
ceinture (f)	बेल्ट (m)	belt
bandoulière (f)	कंधे का पट्टा (m)	kandhe ka patta
sac (m)	बैग (m)	baig
sac (m) à main	पर्स (m)	pars
sac (m) à dos	बैकपैक (m)	baikapaik

32. Les vêtements. Divers

mode (f)	फ़ैशन (m)	faishan
à la mode (adj)	प्रचलन में	prachalan men
couturier, créateur de mode	फ़ैशन डिज़ाइनर (m)	faishan dizainar
col (m)	कॉलर (m)	kolar
poche (f)	जेब (m)	jeb
de poche (adj)	जेब	jeb
manche (f)	आस्तीन (f)	āstīn
bride (f)	हैंगिंग लूप (f)	hainging lūp
braguette (f)	ज़िप (f)	zip
fermeture (f) à glissière	ज़िप (f)	zip
agrafe (f)	हुक (m)	huk
bouton (m)	बटन (m)	batan
boutonnière (f)	बटन का काज (m)	batan ka kāj
s'arracher (bouton)	निकल जाना	nikal jāna

coudre (vi, vt)	सीना	sīna
broder (vt)	काढ़ना	kārhana
broderie (f)	कढ़ाई (f)	karhaī
aiguille (f)	सुई (f)	suī
fil (m)	धागा (m)	dhāga
couture (f)	सीवन (m)	sīvan
se salir (vp)	मैला होना	maila hona
tache (f)	धब्बा (m)	dhabba
se froisser (vp)	शिकन पड़ जाना	shikan par jāna
déchirer (vt)	फट जाना	fat jāna
mite (f)	कपड़ों के कीड़े (m)	kaparon ke kīre

33. L'hygiène corporelle. Les cosmétiques

dentifrice (m)	टूथपेस्ट (m)	tūthapest
brosse (f) à dents	टूथब्रश (m)	tūthabrash
se brosser les dents	दाँत साफ़ करना	dānt sāf karana
rasoir (m)	रेज़र (f)	rezar
crème (f) à raser	हजामत का क्रीम (m)	hajāmat ka krīm
se raser (vp)	शेव करना	shev karana
savon (m)	साबुन (m)	sābun
shampooing (m)	शैम्पू (m)	shaimpū
ciseaux (m pl)	कैंची (f pl)	kainchī
lime (f) à ongles	नाख़ून घिसनी (f)	nākhūn ghisanī
pinces (f pl) à ongles	नाख़ून कतरनी (f)	nākhūn kataranī
pince (f) à épiler	ट्वीज़र्स (f)	tvīzars
produits (m pl) de beauté	श्रृंगार-सामग्री (f)	shrrngār-sāmagrī
masque (m) de beauté	चेहरे का लेप (m)	chehare ka lep
manucure (f)	मैनीक्योर (m)	mainīkyor
se faire les ongles	मैनीक्योर करवाना	mainīkyor karavāna
pédicurie (f)	पेडिक्यूर (m)	pedikyūr
trousse (f) de toilette	श्रृंगार थैली (f)	shrrngār thailī
poudre (f)	पाउडर (m)	paudar
poudrier (m)	कॉम्पैक्ट पाउडर (m)	kompaikt paudar
fard (m) à joues	ब्लशर (m)	blashar
parfum (m)	ख़ुशबू (f)	khushabū
eau (f) de toilette	टॉयलेट वॉटर (m)	tāyalet votar
lotion (f)	लोशन (m)	loshan
eau de Cologne (f)	कोलोन (m)	kolon
fard (m) à paupières	आई-शैडो (m)	āī-shaido
crayon (m) à paupières	आई-पेंसिल (f)	āī-pensil
mascara (m)	मस्कारा (m)	maskāra
rouge (m) à lèvres	लिपस्टिक (m)	lipastik
vernis (m) à ongles	नेल पॉलिश (f)	nel polish
laque (f) pour les cheveux	हेयर स्प्रे (m)	heyar spre

déodorant (m)	डिओडरेन्ट (m)	diodarent
crème (f)	क्रीम (f)	krīm
crème (f) pour le visage	चेहरे की क्रीम (f)	chehare kī krīm
crème (f) pour les mains	हाथ की क्रीम (f)	hāth kī krīm
crème (f) anti-rides	एंटी रिंकल क्रीम (f)	entī rinkal krīm
de jour (adj)	दिन का	din ka
de nuit (adj)	रात का	rāt ka
tampon (m)	टैम्पन (m)	taimpan
papier (m) de toilette	टॉयलेट पेपर (m)	toyalet pepar
sèche-cheveux (m)	हेयर ड्रायर (m)	heyar drāyar

34. Les montres. Les horloges

montre (f)	घड़ी (f pl)	gharī
cadran (m)	डायल (m)	dāyal
aiguille (f)	सुई (f)	suī
bracelet (m)	धातु से बनी घड़ी का पट्टा (m)	dhātu se banī gharī ka patta
bracelet (m) (en cuir)	घड़ी का पट्टा (m)	gharī ka patta
pile (f)	बैटरी (f)	baiterī
être déchargé	ख़त्म हो जाना	khatm ho jāna
changer de pile	बैटरी बदलना	baiterī badalana
avancer (vi)	तेज़ चलना	tez chalana
retarder (vi)	धीमी चलना	dhīmī chalana
pendule (f)	दीवार-घड़ी (f pl)	dīvār-gharī
sablier (m)	रेत-घड़ी (f pl)	ret-gharī
cadran (m) solaire	सूरज-घड़ी (f pl)	sūraj-gharī
réveil (m)	अलार्म घड़ी (f)	alārm gharī
horloger (m)	घड़ीसाज़ (m)	gharīsāz
réparer (vt)	मरम्मत करना	marammat karana

Les aliments. L'alimentation

35. Les aliments

viande (f)	गोश्त (m)	gosht
poulet (m)	चीकन (m)	chīkan
poulet (m) (poussin)	रॉक कॉर्निश मुर्गी (f)	rok kornish murgī
canard (m)	बत्तख़ (f)	battakh
oie (f)	हंस (m)	hans
gibier (m)	शिकार के पशुपक्षी (f)	shikār ke pashupakshī
dinde (f)	टर्की (f)	tarkī
du porc	सुअर का गोश्त (m)	suar ka gosht
du veau	बछड़े का गोश्त (m)	bachhare ka gosht
du mouton	भेड़ का गोश्त (m)	bher ka gosht
du bœuf	गाय का गोश्त (m)	gāy ka gosht
lapin (m)	खरगोश (m)	kharagosh
saucisson (m)	सॉसेज (f)	sosej
saucisse (f)	वियना सॉसेज (m)	viyana sosej
bacon (m)	बेकन (m)	bekan
jambon (m)	हैम (m)	haim
cuisse (f)	सुअर की जांघ (f)	suar kī jāngh
pâté (m)	पिसा हुआ गोश्त (m)	pisa hua gosht
foie (f)	जिगर (f)	jigar
farce (f)	क़ीमा (m)	kīma
langue (f)	जीभ (m)	jībh
œuf (m)	अंडा (m)	anda
les œufs	अंडे (m pl)	ande
blanc (m) d'œuf	अंडे की सफ़ेदी (m)	ande kī safedī
jaune (m) d'œuf	अंडे की ज़र्दी (m)	ande kī zardī
poisson (m)	मछली (f)	machhalī
fruits (m pl) de mer	समुद्री खाना (m)	samudrī khāna
caviar (m)	मछली के अंडे (m)	machhalī ke ande
crabe (m)	केकड़ा (m)	kekara
crevette (f)	चिंगड़ा (m)	chingara
huître (f)	सीप (m)	sīp
langoustine (f)	लोबस्टर (m)	lobastar
poulpe (m)	ऑक्टोपस (m)	oktopas
calamar (m)	स्कीड (m)	skīd
esturgeon (m)	स्टर्जन (f)	starjan
saumon (m)	सालमन (m)	sālaman
flétan (m)	हैलिबट (f)	hailibat
morue (f)	कॉड (f)	kod
maquereau (m)	मॉकरैल (f)	mākrail

thon (m)	दूना (f)	tūna
anguille (f)	बाम मछली (f)	bām machhalī
truite (f)	ट्राउट मछली (f)	traut machhalī
sardine (f)	सार्डीन (f)	sārdīn
brochet (m)	पाइक (f)	paik
hareng (m)	हेरिंग मछली (f)	hering machhalī
pain (m)	ब्रेड (f)	bred
fromage (m)	पनीर (m)	panīr
sucre (m)	चीनी (f)	chīnī
sel (m)	नमक (m)	namak
riz (m)	चावल (m)	chāval
pâtes (m pl)	पास्ता (m)	pāsta
nouilles (f pl)	नूडल्स (m)	nūdals
beurre (m)	मक्खन (m)	makkhan
huile (f) végétale	तेल (m)	tel
huile (f) de tournesol	सूरजमुखी तेल (m)	sūrajamukhī tel
margarine (f)	नकली मक्खन (m)	nakalī makkhan
olives (f pl)	जैतून (m)	jaitūn
huile (f) d'olive	जैतून का तेल (m)	jaitūn ka tel
lait (m)	दूध (m)	dūdh
lait (m) condensé	रबड़ी (f)	rabarī
yogourt (m)	दही (m)	dahī
crème (f) aigre	खट्टी क्रीम (f)	khattī krīm
crème (f) (de lait)	मलाई (f pl)	malaī
sauce (f) mayonnaise	मेयोनेज़ (m)	meyonez
crème (f) au beurre	क्रीम (f)	krīm
gruau (m)	अनाज के दाने (m)	anāj ke dāne
farine (f)	आटा (f)	āta
conserves (f pl)	डिब्बाबन्द खाना (m)	dibbāband khāna
pétales (m pl) de maïs	कॉर्नफ्लेक्स (m)	kornafleks
miel (m)	शहद (m)	shahad
confiture (f)	जैम (m)	jaim
gomme (f) à mâcher	चूइन्ग गम (m)	chūing gam

36. Les boissons

eau (f)	पानी (m)	pānī
eau (f) potable	पीने का पानी (f)	pīne ka pānī
eau (f) minérale	मिनरल वॉटर (m)	minaral votar
plate (adj)	स्टिल वॉटर	stil votar
gazeuse (l'eau ~)	कार्बोनेटेड	kārboneted
pétillante (adj)	स्पार्कलिंग	spārkaling
glace (f)	बर्फ़ (m)	barf
avec de la glace	बर्फ़ के साथ	barf ke sāth

sans alcool	शराब रहित	sharāb rahit
boisson (f) non alcoolisée	कोल्ड ड्रिंक (f)	kold drink
rafraîchissement (m)	शीतलक ड्रिंक (f)	shītalak drink
limonade (f)	लेमोनेड (m)	lemoned

boissons (f pl) alcoolisées	शराब (m pl)	sharāb
vin (m)	वाइन (f)	vain
vin (m) blanc	सफ़ेद वाइन (f)	safed vain
vin (m) rouge	लाल वाइन (f)	lāl vain

liqueur (f)	लिकर (m)	likar
champagne (m)	शैम्पेन (f)	shaimpen
vermouth (m)	वर्मोथ (f)	varmauth

whisky (m)	विस्की (f)	viskī
vodka (f)	वोडका (m)	vodaka
gin (m)	ज़िन (f)	jin
cognac (m)	कोन्याक (m)	konyāk
rhum (m)	रम (m)	ram

café (m)	कॉफ़ी (f)	kofī
café (m) noir	काली कॉफ़ी (f)	kālī kofī
café (m) au lait	दूध के साथ कॉफ़ी (f)	dūdh ke sāth kofī
cappuccino (m)	कैपूचीनो (f)	kaipūchino
café (m) soluble	इन्संटेन्ट-काफ़ी (f)	insatent-kāfī

lait (m)	दूध (m)	dūdh
cocktail (m)	कॉकटेल (m)	kokatel
cocktail (m) au lait	मिल्कशेक (m)	milkashek

jus (m)	रस (m)	ras
jus (m) de tomate	टमाटर का रस (m)	tamātar ka ras
jus (m) d'orange	संतरे का रस (m)	santare ka ras
jus (m) pressé	ताज़ा रस (m)	tāza ras

bière (f)	बियर (m)	biyar
bière (f) blonde	हल्का बियर (m)	halka biyar
bière (f) brune	डार्क बियर (m)	dārk biyar

thé (m)	चाय (f)	chāy
thé (m) noir	काली चाय (f)	kālī chāy
thé (m) vert	हरी चाय (f)	harī chāy

37. Les légumes

légumes (m pl)	सब्ज़ियाँ (f pl)	sabziyān
verdure (f)	हरी सब्ज़ियाँ (f)	harī sabziyān

tomate (f)	टमाटर (m)	tamātar
concombre (m)	खीरा (m)	khīra
carotte (f)	गाजर (f)	gājar
pomme (f) de terre	आलू (m)	ālū
oignon (m)	प्याज़ (m)	pyāz
ail (m)	लहसुन (m)	lahasun

chou (m)	पत्ता गोभी (f)	patta gobhī
chou-fleur (m)	फूल गोभी (f)	fūl gobhī
chou (m) de Bruxelles	ब्रसेल्स स्प्राउट्स (m)	brasels sprauts
brocoli (m)	ब्रोकोली (f)	brokolī
betterave (f)	चुकन्दर (m)	chukandar
aubergine (f)	बैंगन (m)	baingan
courgette (f)	तुरई (f)	turī
potiron (m)	कद्दू	kaddū
navet (m)	शलजम (f)	shalajam
persil (m)	अजमोद (f)	ajamod
fenouil (m)	सोआ (m)	soa
laitue (f) (salade)	सलाद पत्ता (m)	salād patta
céleri (m)	सेलरी (f)	selarī
asperge (f)	एस्पैरेगस (m)	espairegas
épinard (m)	पालक (m)	pālak
pois (m)	मटर (m)	matar
fèves (f pl)	फली (f pl)	falī
maïs (m)	मकई (f)	makī
haricot (m)	राजमा (f)	rājama
poivron (m)	शिमला मिर्च (m)	shimala mirch
radis (m)	मूली (f)	mūlī
artichaut (m)	हाथीचक (m)	hāthīchak

38. Les fruits. Les noix

fruit (m)	फल (m)	fal
pomme (f)	सेब (m)	seb
poire (f)	नाशपाती (f)	nāshapātī
citron (m)	नींबू (m)	nīmbū
orange (f)	संतरा (m)	santara
fraise (f)	स्ट्रॉबेरी (f)	stroberī
mandarine (f)	नारंगी (m)	nārangī
prune (f)	आलूबुखारा (m)	ālūbukhāra
pêche (f)	आड़ू (m)	āru
abricot (m)	खूबानी (f)	khūbānī
framboise (f)	रसभरी (f)	rasabharī
ananas (m)	अनानास (m)	anānās
banane (f)	केला (m)	kela
pastèque (f)	तरबूज़ (m)	tarabūz
raisin (m)	अंगूर (m)	angūr
merise (f), cerise (f)	चेरी (f)	cherī
melon (m)	खरबूज़ा (f)	kharabūza
pamplemousse (m)	ग्रेपफ्रूट (m)	grepafrūt
avocat (m)	एवोकाडो (m)	evokādo
papaye (f)	पपीता (f)	papīta
mangue (f)	आम (m)	ām
grenade (f)	अनार (m)	anār

groseille (f) rouge	लाल किशमिश (f)	lāl kishamish
cassis (m)	काली किशमिश (f)	kālī kishamish
groseille (f) verte	आमला (f)	āmala
myrtille (f)	बिलबेरी (f)	bilaberī
mûre (f)	ब्लैकबेरी (f)	blaikaberī
raisin (m) sec	किशमिश (m)	kishamish
figue (f)	अंजीर (m)	anjīr
datte (f)	खजूर (m)	khajūr
cacahuète (f)	मूँगफली (m)	mūngafalī
amande (f)	बादाम (f)	bādām
noix (f)	अखरोट (m)	akharot
noisette (f)	हेज़लनट (m)	hezalanat
noix (f) de coco	नारियल (m)	nāriyal
pistaches (f pl)	पिस्ता (m)	pista

39. Le pain. Les confiseries

confiserie (f)	मिठाई (f pl)	mithaī
pain (m)	ब्रेड (f)	bred
biscuit (m)	बिस्कुट (m)	biskut
chocolat (m)	चॉकलेट (m)	chokalet
en chocolat (adj)	चॉकलेटी	chokaletī
bonbon (m)	टॉफ़ी (f)	tofī
gâteau (m), pâtisserie (f)	पेस्ट्री (f)	pestrī
tarte (f)	केक (m)	kek
gâteau (m)	पाई (m)	paī
garniture (f)	फ़िलिंग (f)	filing
confiture (f)	जैम (m)	jaim
marmelade (f)	मुरब्बा (m)	murabba
gaufre (f)	वेफ़र (m pl)	vefar
glace (f)	आईस-क्रीम (f)	āīs-krīm

40. Les plats cuisinés

plat (m)	पकवान (m)	pakavān
cuisine (f)	व्यंजन (m)	vyanjan
recette (f)	रैसीपी (f)	raisīpī
portion (f)	भाग (m)	bhāg
salade (f)	सलाद (m)	salād
soupe (f)	सूप (m)	sūp
bouillon (m)	यख़नी (f)	yakhanī
sandwich (m)	सैन्डविच (m)	saindavich
les œufs brouillés	आमलेट (m)	āmalet
hamburger (m)	हैमबर्गर (m)	haimabargar
steak (m)	बीफ़स्टीक (m)	bīfastīk

garniture (f)	साइड डिश (f)	said dish
spaghettis (m pl)	स्पेघेटी (f)	speghetī
purée (f)	आलू भरता (f)	ālū bharata
pizza (f)	पीट्ज़ा (f)	pītza
bouillie (f)	दलिया (f)	daliya
omelette (f)	आमलेट (m)	āmalet
cuit à l'eau (adj)	उबला	ubala
fumé (adj)	धुएँ में पकाया हुआ	dhuen men pakāya hua
frit (adj)	भुना	bhuna
sec (adj)	सूखा	sūkha
congelé (adj)	फ्रोज़न	frozan
mariné (adj)	अचार	achār
sucré (adj)	मीठा	mītha
salé (adj)	नमकीन	namakīn
froid (adj)	ठंडा	thanda
chaud (adj)	गरम	garam
amer (adj)	कड़वा	karava
bon (savoureux)	स्वादिष्ट	svādisht
cuire à l'eau	उबलते पानी में पकाना	ubalate pānī men pakāna
préparer (le dîner)	खाना बनाना	khāna banāna
faire frire	भूनना	bhūnana
réchauffer (vt)	गरम करना	garam karana
saler (vt)	नमक डालना	namak dālana
poivrer (vt)	मिर्च डालना	mirch dālana
râper (vt)	कद्दूकश करना	kaddūkash karana
peau (f)	छिलका (f)	chhilaka
éplucher (vt)	छिलका निकलना	chhilaka nikalana

41. Les épices

sel (m)	नमक (m)	namak
salé (adj)	नमकीन	namakīn
saler (vt)	नमक डालना	namak dālana
poivre (m) noir	काली मिर्च (f)	kālī mirch
poivre (m) rouge	लाल मिर्च (m)	lāl mirch
moutarde (f)	सरसों (m)	sarason
raifort (m)	अरब मूली (f)	arab mūlī
condiment (m)	मसाला (m)	masāla
épice (f)	मसाला (m)	masāla
sauce (f)	चटनी (f)	chatanī
vinaigre (m)	सिरका (m)	siraka
anis (m)	सौंफ़ (f)	saumf
basilic (m)	तुलसी (f)	tulasī
clou (m) de girofle	लौंग (f)	laung
gingembre (m)	अदरक (m)	adarak
coriandre (m)	धनिया (m)	dhaniya
cannelle (f)	दालचीनी (f)	dālachīnī

sésame (m)	तिल (m)	til
feuille (f) de laurier	तेजपत्ता (m)	tejapatta
paprika (m)	लाल शिमला मिर्च पाउडर (m)	lāl shimala mirch paudar
cumin (m)	ज़ीरा (m)	zīra
safran (m)	ज़ाफ़रान (m)	zāfarān

42. Les repas

nourriture (f)	खाना (m)	khāna
manger (vi, vt)	खाना खाना	khāna khāna
petit déjeuner (m)	नाश्ता (m)	nāshta
prendre le petit déjeuner	नाश्ता करना	nāshta karana
déjeuner (m)	दोपहर का भोजन (m)	dopahar ka bhojan
déjeuner (vi)	दोपहर का भोजन करना	dopahar ka bhojan karana
dîner (m)	रात्रिभोज (m)	rātribhoj
dîner (vi)	रात्रिभोज करना	rātribhoj karana
appétit (m)	भूख (f)	bhūkh
Bon appétit!	अपने भोजन का आनंद उठाएं!	apane bhojan ka ānand uthaen!
ouvrir (vt)	खोलना	kholana
renverser (liquide)	गिराना	girāna
se renverser (liquide)	गिराना	girāna
bouillir (vi)	उबालना	ubālana
faire bouillir	उबालना	ubālana
bouilli (l'eau ~e)	उबला हुआ	ubala hua
refroidir (vt)	ठंडा करना	thanda karana
se refroidir (vp)	ठंडा करना	thanda karana
goût (m)	स्वाद (m)	svād
arrière-goût (m)	स्वाद (m)	svād
suivre un régime	वजन घटाना	vazan ghatāna
régime (m)	डाइट (m)	dait
vitamine (f)	विटामिन (m)	vitāmin
calorie (f)	कैलोरी (f)	kailorī
végétarien (m)	शाकाहारी (m)	shākāhārī
végétarien (adj)	शाकाहारी	shākāhārī
lipides (m pl)	वसा (m pl)	vasa
protéines (f pl)	प्रोटीन (m pl)	protīn
glucides (m pl)	कार्बोहाइड्रेट (m)	kārbohaidret
tranche (f)	टुकड़ा (m)	tukara
morceau (m)	टुकड़ा (m)	tukara
miette (f)	टुकड़ा (m)	tukara

43. Le dressage de la table

cuillère (f)	चम्मच (m)	chammach
couteau (m)	छुरी (f)	chhurī

fourchette (f)	काँटा (m)	kānta
tasse (f)	प्याला (m)	pyāla
assiette (f)	तश्तरी (f)	tashtarī
soucoupe (f)	सॉसर (m)	sosar
serviette (f)	नैपकीन (m)	naipakīn
cure-dent (m)	टूथपिक (m)	tūthapik

44. Le restaurant

restaurant (m)	रेस्टराँ (m)	restarān
salon (m) de café	कॉफ़ी हाउस (m)	kofī haus
bar (m)	बार (m)	bār
salon (m) de thé	चायख़ाना (m)	chāyakhāna
serveur (m)	बैरा (m)	baira
serveuse (f)	बैरी (f)	bairī
barman (m)	बारमैन (m)	bāramain
carte (f)	मेनू (m)	menū
carte (f) des vins	वाइन सूची (f)	vain sūchī
réserver une table	मेज़ बुक करना	mez buk karana
plat (m)	पकवान (m)	pakavān
commander (vt)	आर्डर देना	ārdar dena
faire la commande	आर्डर देना	ārdar dena
apéritif (m)	एपेरेतीफ़ (m)	eperetīf
hors-d'œuvre (m)	एपेटाइज़र (m)	epetaizar
dessert (m)	मीठा (m)	mītha
addition (f)	बिल (m)	bil
régler l'addition	बील का भुगतान करना	bīl ka bhugatān karana
rendre la monnaie	खुले पैसे देना	khule paise dena
pourboire (m)	टिप (f)	tip

La famille. Les parents. Les amis

45. Les données personnelles. Les formulaires

prénom (m)	पहला नाम (m)	pahala nām
nom (m) de famille	उपनाम (m)	upanām
date (f) de naissance	जन्म-दिवस (m)	janm-divas
lieu (m) de naissance	मातृभूमि (f)	mātrbhūmi
nationalité (f)	नागरिकता (f)	nāgarikata
domicile (m)	निवास स्थान (m)	nivās sthān
pays (m)	देश (m)	desh
profession (f)	पेशा (m)	pesha
sexe (m)	लिंग (m)	ling
taille (f)	क़द (m)	qad
poids (m)	वज़न (m)	vazan

46. La famille. Les liens de parenté

mère (f)	माँ (f)	mān
père (m)	पिता (m)	pita
fils (m)	बेटा (m)	beta
fille (f)	बेटी (f)	betī
fille (f) cadette	छोटी बेटी (f)	chhotī betī
fils (m) cadet	छोटा बेटा (m)	chhota beta
fille (f) aînée	बड़ी बेटी (f)	barī betī
fils (m) aîné	बड़ा बेटा (m)	bara beta
frère (m)	भाई (m)	bhaī
sœur (f)	बहन (f)	bahan
cousin (m)	चचेरा भाई (m)	chachera bhaī
cousine (f)	चचेरी बहन (f)	chacherī bahan
maman (f)	अम्मा (f)	amma
papa (m)	पापा (m)	pāpa
parents (m pl)	माँ-बाप (m pl)	mān-bāp
enfant (m, f)	बच्चा (m)	bachcha
enfants (pl)	बच्चे (m pl)	bachche
grand-mère (f)	दादी (f)	dādī
grand-père (m)	दादा (m)	dāda
petit-fils (m)	पोता (m)	pota
petite-fille (f)	पोती (f)	potī
petits-enfants (pl)	पोते (m)	pote
oncle (m)	चाचा (m)	chācha
tante (f)	चाची (f)	chāchī

neveu (m)	भतीजा (m)	bhatīja
nièce (f)	भतीजी (f)	bhatījī
belle-mère (f)	सास (f)	sās
beau-père (m)	ससुर (m)	sasur
gendre (m)	दामाद (m)	dāmād
belle-mère (f)	सौतेली माँ (f)	sautelī mān
beau-père (m)	सौतेले पिता (m)	sautele pita
nourrisson (m)	दूधमुँहा बच्चा (m)	dudhamunha bachcha
bébé (m)	शिशु (f)	shishu
petit (m)	छोटा बच्चा (m)	chhota bachcha
femme (f)	पत्नी (f)	patnī
mari (m)	पति (m)	pati
époux (m)	पति (m)	pati *
épouse (f)	पत्नी (f)	patnī
marié (adj)	शादीशुदा	shādīshuda
mariée (adj)	शादीशुदा	shādīshuda
célibataire (adj)	अविवाहित	avivāhit
célibataire (m)	कुँआरा (m)	kunāra
divorcé (adj)	तलाक़शुदा	talāqashuda
veuve (f)	विधवा (f)	vidhava
veuf (m)	विधुर (m)	vidhur
parent (m)	रिश्तेदार (m)	rishtedār
parent (m) proche	सम्बंधी (m)	sambandhī
parent (m) éloigné	दूर का रिश्तेदार (m)	dūr ka rishtedār
parents (m pl)	रिश्तेदार (m pl)	rishtedār
orphelin (m), orpheline (f)	अनाथ (m)	anāth
tuteur (m)	अभिभावक (m)	abhibhāvak
adopter (un garçon)	लड़का गोद लेना	laraka god lena
adopter (une fille)	लड़की गोद लेना	larakī god lena

La médecine

47. Les maladies

maladie (f)	बीमारी (f)	bīmārī
être malade	बीमार होना	bīmār hona
santé (f)	सेहत (f)	sehat
rhume (m) (coryza)	नज़ला (m)	nazala
angine (f)	टॉन्सिल (m)	tonsil
refroidissement (m)	जुकाम (f)	zukām
prendre froid	जुकाम हो जाना	zukām ho jāna
bronchite (f)	ब्रॉन्काइटिस (m)	bronkaitis
pneumonie (f)	निमोनिया (f)	nimoniya
grippe (f)	फ़्लू (m)	flū
myope (adj)	कमबीन	kamabīn
presbyte (adj)	कमज़ोर दूरदृष्टि	kamazor dūradrshti
strabisme (m)	तिरछी नज़र (m)	tirachhī nazar
strabique (adj)	तिरछी नज़रवाला	tirachhī nazaravāla
cataracte (f)	मोतिया बिंद (m)	motiya bind
glaucome (m)	काला मोतिया (m)	kāla motiya
insulte (f)	स्ट्रोक (m)	strok
crise (f) cardiaque	दिल का दौरा (m)	dil ka daura
infarctus (m) de myocarde	मायोकार्डियल इन्फ़ार्क्शन (m)	māyokārdiyal infārkshan
paralysie (f)	लकवा (m)	lakava
paralyser (vt)	लकवा मारना	laqava mārana
allergie (f)	एलर्जी (f)	elarjī
asthme (m)	दमा (f)	dama
diabète (m)	शूगर (f)	shūgar
mal (m) de dents	दाँत दर्द (m)	dānt dard
carie (f)	दाँत में कीड़ा (m)	dānt men kīra
diarrhée (f)	दस्त (m)	dast
constipation (f)	कब्ज़ (m)	kabz
estomac (m) barbouillé	पेट ख़राब (m)	pet kharāb
intoxication (f) alimentaire	ख़राब खाने से हुई बीमारी (f)	kharāb khāne se huī bīmārī
être intoxiqué	ख़राब खाने से बीमार पड़ना	kharāb khāne se bīmār parana
arthrite (f)	गठिया (m)	gathiya
rachitisme (m)	बालवक्र (m)	bālavakr
rhumatisme (m)	आमवात (m)	āmavāt
athérosclérose (f)	धमनीकलाकाठिन्य (m)	dhamanīkalākāthiny
gastrite (f)	जठर-शोथ (m)	jathar-shoth
appendicite (f)	उण्डुक-शोथ (m)	unduk-shoth

cholécystite (f)	पित्ताशय (m)	pittāshay
ulcère (m)	अल्सर (m)	alsar
rougeole (f)	मीज़ल्स (m)	mīzals
rubéole (f)	जर्मन मीज़ल्स (m)	jarman mīzals
jaunisse (f)	पीलिया (m)	pīliya
hépatite (f)	हेपेटाइटिस (m)	hepetaitis
schizophrénie (f)	शीज़ोफ्रेनीय (f)	shīzofrenīy
rage (f) (hydrophobie)	रेबीज़ (m)	rebīz
névrose (f)	न्यूरोसिस (m)	nyūrosis
commotion (f) cérébrale	आघात (m)	āghāt
cancer (m)	कर्क रोग (m)	kark rog
sclérose (f)	काठिन्य (m)	kāthiny
sclérose (f) en plaques	मल्टीपल स्क्लेरोसिस (m)	maltīpal sklerosis
alcoolisme (m)	शराबीपन (m)	sharābīpan
alcoolique (m)	शराबी (m)	sharābī
syphilis (f)	सीफ़ीलिस (m)	sīfīlis
SIDA (m)	ऐड्स (m)	aids
tumeur (f)	ट्यूमर (m)	tyūmar
maligne (adj)	घातक	ghātak
bénigne (adj)	अर्बुद	arbud
fièvre (f)	बुखार (m)	bukhār
malaria (f)	मलेरिया (f)	maleriya
gangrène (f)	गैन्ग्रीन (m)	gaingrīn
mal (m) de mer	जहाज़ी मतली (f)	jahāzī matalī
épilepsie (f)	मिरगी (f)	miragī
épidémie (f)	महामारी (f)	mahāmārī
typhus (m)	टाइफ़स (m)	taifas
tuberculose (f)	टीबी (m)	tībī
choléra (m)	हैज़ा (f)	haiza
peste (f)	प्लेग (f)	pleg

48. Les symptômes. Le traitement. Partie 1

symptôme (m)	लक्षण (m)	lakshan
température (f)	तापमान (m)	tāpamān
fièvre (f)	बुखार (f)	bukhār
pouls (m)	नब्ज़ (f)	nabz
vertige (m)	सिर का चक्कर (m)	sir ka chakkar
chaud (adj)	गरम	garam
frisson (m)	कंपकंपी (f)	kampakampī
pâle (adj)	पीला	pīla
toux (f)	खाँसी (f)	khānsī
tousser (vi)	खाँसना	khānsana
éternuer (vi)	छींकना	chhīnkana
évanouissement (m)	बेहोशी (f)	behoshī

s'évanouir (vp)	बेहोश होना	behosh hona
bleu (m)	नील (m)	nīl
bosse (f)	गुमड़ा (m)	gumara
se heurter (vp)	चोट लगना	chot lagana
meurtrissure (f)	चोट (f)	chot
se faire mal	घाव लगना	ghāv lagana
boiter (vi)	लँगड़ाना	langarāna
foulure (f)	हड्डी खिसकना (f)	haddī khisakana
se démettre (l'épaule, etc.)	हड्डी खिसकना	haddī khisakana
fracture (f)	हड्डी टूट जाना (f)	haddī tūt jāna
avoir une fracture	हड्डी टूट जाना	haddī tūt jāna
coupure (f)	कट जाना (m)	kat jāna
se couper (~ le doigt)	खुद को काट लेना	khud ko kāt lena
hémorragie (f)	रक्त-स्राव (m)	rakt-srāv
brûlure (f)	जला होना	jala hona
se brûler (vp)	जल जाना	jal jāna
se piquer (le doigt)	चुभाना	chubhāna
se piquer (vp)	खुद को चुभाना	khud ko chubhāna
blesser (vt)	घायल करना	ghāyal karana
blessure (f)	चोट (f)	chot
plaie (f) (blessure)	घाव (m)	ghāv
trauma (m)	चोट (f)	chot
délirer (vi)	बेहोशी में बड़बड़ाना	behoshī men barabadāna
bégayer (vi)	हकलाना	hakalāna
insolation (f)	धूप आघात (m)	dhūp āghāt

49. Les symptômes. Le traitement. Partie 2

douleur (f)	दर्द (f)	dard
écharde (f)	चुभ जाना (m)	chubh jāna
sueur (f)	पसीना (f)	pasīna
suer (vi)	पसीना निकलना	pasīna nikalana
vomissement (m)	वमन (m)	vaman
spasmes (m pl)	दौरा (m)	daura
enceinte (adj)	गर्भवती	garbhavatī
naître (vi)	जन्म लेना	janm lena
accouchement (m)	पैदा करना (m)	paida karana
accoucher (vi)	पैदा करना	paida karana
avortement (m)	गर्भपात (m)	garbhapāt
respiration (f)	साँस (f)	sāns
inhalation (f)	साँस अंदर खींचना (f)	sāns andar khīnchana
expiration (f)	साँस बाहर छोड़ना (f)	sāns bāhar chhorana
expirer (vi)	साँस बाहर छोड़ना	sāns bāhar chhorana
inspirer (vi)	साँस अंदर खींचना	sāns andar khīnchana
invalide (m)	अपाहिज (m)	apāhij
handicapé (m)	लूला (m)	lūla

drogué (m)	नशेबाज़ (m)	nashebāz
sourd (adj)	बहरा	bahara
muet (adj)	गूँगा	gūnga
sourd-muet (adj)	बहरा और गूँगा	bahara aur gūnga
fou (adj)	पागल	pāgal
fou (m)	पगला (m)	pagala
folle (f)	पगली (f)	pagalī
devenir fou	पागल हो जाना	pāgal ho jāna
gène (m)	वंशाणु (m)	vanshānu
immunité (f)	रोग प्रतिरोधक शक्ति (f)	rog pratirodhak shakti
héréditaire (adj)	जन्मजात	janmajāt
congénital (adj)	पैदाइशी	paidaishī
virus (m)	विषाणु (m)	vishānu
microbe (m)	कीटाणु (m)	kītānu
bactérie (f)	जीवाणु (m)	jīvānu
infection (f)	संक्रमण (m)	sankraman

50. Les symptômes. Le traitement. Partie 3

hôpital (m)	अस्पताल (m)	aspatāl
patient (m)	मरीज़ (m)	marīz
diagnostic (m)	रोग-निर्णय (m)	rog-nirnay
cure (f) (faire une ~)	इलाज (m)	ilāj
traitement (m)	चिकित्सीय उपचार (m)	chikitsīy upachār
se faire soigner	इलाज कराना	ilāj karāna
traiter (un patient)	इलाज करना	ilāj karana
soigner (un malade)	देखभाल करना	dekhabhāl karana
soins (m pl)	देखभाल (f)	dekhabhāl
opération (f)	ऑपरेशन (m)	opareshan
panser (vt)	पट्टी बाँधना	pattī bāndhana
pansement (m)	पट्टी (f)	pattī
vaccination (f)	टीका (m)	tīka
vacciner (vt)	टीका लगाना	tīka lagāna
piqûre (f)	इंजेक्शन (m)	injekshan
faire une piqûre	इंजेक्शन लगाना	injekshan lagāna
amputation (f)	अंगविच्छेद (f)	angavichchhed
amputer (vt)	अंगविच्छेद करना	angavichchhed karana
coma (m)	कोमा (m)	koma
être dans le coma	कोमा में चले जाना	koma men chale jāna
réanimation (f)	गहन चिकित्सा (f)	gahan chikitsa
se rétablir (vp)	ठीक हो जाना	thīk ho jāna
état (m) (de santé)	हालत (f)	hālat
conscience (f)	होश (m)	hosh
mémoire (f)	याददाश्त (f)	yādadāsht
arracher (une dent)	दाँत निकालना	dānt nikālana
plombage (m)	भराव (m)	bharāv

plomber (vt)	दाँत को भरना	dānt ko bharana
hypnose (f)	हिपनोसिस (m)	hipanosis
hypnotiser (vt)	हिपनोटाइज़ करना	hipanotaiz karana

51. Les médecins

médecin (m)	डॉक्टर (m)	doktar
infirmière (f)	नर्स (f)	nars
médecin (m) personnel	निजी डॉक्टर (m)	nijī doktar
dentiste (m)	दंत-चिकित्सक (m)	dant-chikitsak
ophtalmologiste (m)	आँखों का डॉक्टर (m)	ānkhon ka doktar
généraliste (m)	चिकित्सक (m)	chikitsak
chirurgien (m)	शल्य-चिकित्सक (m)	shaly-chikitsak
psychiatre (m)	मनोरोग चिकित्सक (m)	manorog chikitsak
pédiatre (m)	बाल-चिकित्सक (m)	bāl-chikitsak
psychologue (m)	मनोवैज्ञानिक (m)	manovaigyānik
gynécologue (m)	प्रसूतिशासी (f)	prasūtishāsrī
cardiologue (m)	हृदय रोग विशेषज्ञ (m)	hrday rog visheshagy

52. Les médicaments. Les accessoires

médicament (m)	दवा (f)	dava
remède (m)	दवाई (f)	davaī
prescrire (vt)	नुस्ख़ा लिखना	nusakha likhana
ordonnance (f)	नुस्ख़ा (m)	nusakha
comprimé (m)	गोली (f)	golī
onguent (m)	मरहम (m)	maraham
ampoule (f)	एम्प्यूल (m)	empyūl
mixture (f)	सिरप (m)	sirap
sirop (m)	शरबत (m)	sharabat
pilule (f)	गोली (f)	golī
poudre (f)	चूरन (m)	chūran
bande (f)	पट्टी (f)	pattī
coton (m) (ouate)	रूई का गोला (m)	rūī ka gola
iode (m)	आयोडीन (m)	āyodīn
sparadrap (m)	बैंड-एड (m)	baind-ed
compte-gouttes (m)	आई-ड्रॉपर (m)	āī-dropar
thermomètre (m)	थर्मामीटर (m)	tharamāmītar
seringue (f)	इंजेक्शन (m)	injekshan
fauteuil (m) roulant	व्हीलचेयर (f)	vhīlacheyar
béquilles (f pl)	बैसाखी (m pl)	baisākhī
anesthésique (m)	दर्द-निवारक (f)	dard-nivārak
purgatif (m)	जुलाब की गोली (f)	julāb kī golī
alcool (m)	स्पिरिट (m)	spirit
herbe (f) médicinale	जड़ी-बूटी (f)	jarī-būtī
d'herbes (adj)	जड़ी-बूटियों से बना	jarī-būtiyon se bana

L'HABITAT HUMAIN

La ville

53. La ville. La vie urbaine

ville (f)	नगर (m)	nagar
capitale (f)	राजधानी (f)	rājadhānī
village (m)	गांव (m)	gānv
plan (m) de la ville	नगर का नक्शा (m)	nagar ka naksha
centre-ville (m)	नगर का केन्द्र (m)	nagar ka kendr
banlieue (f)	उपनगर (m)	upanagar
de banlieue (adj)	उपनगरिक	upanagarik
périphérie (f)	बाहरी इलाका (m)	bāharī ilāka
alentours (m pl)	इर्दगिर्द के इलाके (m pl)	irdagird ke ilāke
quartier (m)	सेक्टर (m)	sektar
quartier (m) résidentiel	मुहल्ला (m)	muhalla
trafic (m)	यातायात (f)	yātāyāt
feux (m pl) de circulation	यातायात सिग्नल (m)	yātāyāt signal
transport (m) urbain	जन परिवहन (m)	jan parivahan
carrefour (m)	चौराहा (m)	chaurāha
passage (m) piéton	ज़ेबरा क्रॉसिंग (f)	zebara krosing
passage (m) souterrain	पैदल यात्रियों के लिए अंडरपास (f)	paidal yātriyon ke lie andarapās
traverser (vt)	सड़क पार करना	sarak pār karana
piéton (m)	पैदल-यात्री (m)	paidal-yātrī
trottoir (m)	फुटपाथ (m)	futapāth
pont (m)	पुल (m)	pul
quai (m)	तट (m)	tat
fontaine (f)	फौवारा (m)	fauvāra
allée (f)	छायापथ (f)	chhāyāpath
parc (m)	पार्क (m)	pārk
boulevard (m)	चौड़ी सड़क (m)	chaurī sarak
place (f)	मैदान (m)	maidān
avenue (f)	मार्ग (m)	mārg
rue (f)	सड़क (f)	sarak
ruelle (f)	गली (f)	galī
impasse (f)	बंद गली (f)	band galī
maison (f)	मकान (m)	makān
édifice (m)	इमारत (f)	imārat
gratte-ciel (m)	गगनचुंबी भवन (f)	gaganachumbī bhavan
façade (f)	अगवाड़ा (m)	agavāra

toit (m)	छत (f)	chhat
fenêtre (f)	खिड़की (f)	khirakī
arc (m)	मेहराब (m)	meharāb
colonne (f)	स्तंभ (m)	stambh
coin (m)	कोना (m)	kona

vitrine (f)	दुकान का शो-केस (m)	dukān ka sho-kes
enseigne (f)	साईनबोर्ड (m)	saīnabord
affiche (f)	पोस्टर (m)	postar
affiche (f) publicitaire	विज्ञापन पोस्टर (m)	vigyāpan postar
panneau-réclame (m)	बिलबोर्ड (m)	bilabord

ordures (f pl)	कूड़ा (m)	kūra
poubelle (f)	कूड़े का डिब्बा (m)	kūre ka dibba
jeter à terre	कूड़ा-कर्कट डालना	kūra-karkat dālana
décharge (f)	डम्पिंग ग्राउंड (m)	damping graund

cabine (f) téléphonique	फ़ोन बूथ (m)	fon būth
réverbère (m)	बिजली का खंभा (m)	bijalī ka khambha
banc (m)	पार्क-बेंच (f)	pārk-bench

policier (m)	पुलिसवाला (m)	pulisavāla
police (f)	पुलिस (m)	pulis
clochard (m)	भिखारी (m)	bhikhārī
sans-abri (m)	बेघर (m)	beghar

54. Les institutions urbaines

magasin (m)	दुकान (f)	dukān
pharmacie (f)	दवाख़ाना (m)	davākhāna
opticien (m)	चश्मे की दुकान (f)	chashme kī dukān
centre (m) commercial	शॉपिंग मॉल (m)	shoping mol
supermarché (m)	सुपर बाज़ार (m)	supar bāzār

boulangerie (f)	बेकरी (f)	bekarī
boulanger (m)	बेकर (m)	bekar
pâtisserie (f)	टॉफ़ी की दुकान (f)	tofī kī dukān
épicerie (f)	परचून की दुकान (f)	parachūn kī dukān
boucherie (f)	गोश्त की दुकान (f)	gosht kī dukān

magasin (m) de légumes	सब्ज़ियों की दुकान (f)	sabziyon kī dukān
marché (m)	बाज़ार (m)	bāzār

salon (m) de café	काफ़ी हाउस (m)	kāfī haus
restaurant (m)	रेस्टरॉं (m)	restarān
brasserie (f)	शराबख़ाना (m)	sharābakhāna
pizzeria (f)	पिट्ज़ा की दुकान (f)	pitza kī dukān

salon (m) de coiffure	नाई की दुकान (f)	naī kī dukān
poste (f)	डाकघर (m)	dākaghar
pressing (m)	ड्राइक्लीनर (m)	draiklīnar
atelier (m) de photo	फ़ोटो की दुकान (f)	foto kī dukān
magasin (m) de chaussures	जूते की दुकान (f)	jūte kī dukān
librairie (f)	किताबों की दुकान (f)	kitābon kī dukān

magasin (m) d'articles de sport	खेलकूद की दुकान (f)	khelakūd kī dukān
atelier (m) de retouche	कपड़ों की मरम्मत की दुकान (f)	kaparon kī marammat kī dukān
location (f) de vêtements	कपड़ों को किराए पर देने की दुकान (f)	kaparon ko kirae par dene kī dukān
location (f) de films	वीडियो रेन्टल दुकान (f)	vīdiyo rental dukān
cirque (m)	सर्कस (m)	sarkas
zoo (m)	चिड़ियाघर (m)	chiriyāghar
cinéma (m)	सिनेमाघर (m)	sinemāghar
musée (m)	संग्रहालय (m)	sangrahālay
bibliothèque (f)	पुस्तकालय (m)	pustakālay
théâtre (m)	रंगमंच (m)	rangamanch
opéra (m)	ओपेरा (m)	opera
boîte (f) de nuit	नाईट क्लब (m)	naīt klab
casino (m)	केसिनो (m)	kesino
mosquée (f)	मस्जिद (m)	masjid
synagogue (f)	सीनागोग (m)	sīnāgog
cathédrale (f)	गिरजाघर (m)	girajāghar
temple (m)	मंदिर (m)	mandir
église (f)	गिरजाघर (m)	girajāghar
institut (m)	कॉलेज (m)	kolej
université (f)	विश्वविद्यालय (m)	vishvavidyālay
école (f)	विद्यालय (m)	vidyālay
préfecture (f)	प्रशासक प्रान्त (m)	prashāsak prānt
mairie (f)	सिटी हॉल (m)	sitī hol
hôtel (m)	होटल (f)	hotal
banque (f)	बैंक (m)	baink
ambassade (f)	दूतावस (m)	dūtāvas
agence (f) de voyages	पर्यटन ऑफ़िस (m)	paryatan āfis
bureau (m) d'information	पूछताछ कार्यालय (m)	pūchhatāchh kāryālay
bureau (m) de change	मुद्रालय (m)	mudrālay
métro (m)	मेट्रो (m)	metro
hôpital (m)	अस्पताल (m)	aspatāl
station-service (f)	पेट्रोल पम्प (f)	petrol pamp
parking (m)	पार्किंग (f)	pārking

55. Les enseignes. Les panneaux

enseigne (f)	साईनबोर्ड (m)	saīnabord
pancarte (f)	दुकान का साईन (m)	dukān ka saīn
poster (m)	पोस्टर (m)	postar
indicateur (m) de direction	दिशा संकेतक (m)	disha sanketak
flèche (f)	तीर दिशा संकेतक (m)	tīr disha sanketak
avertissement (m)	चेतावनी (f)	chetāvanī
panneau d'avertissement	चेतावनी संकेतक (m)	chetāvanī sanketak

avertir (vt)	चेतावनी देना	chetāvanī dena
jour (m) de repos	छुट्टी का दिन (m)	chhuttī ka din
horaire (m)	समय सारणी (f)	samay sāranī
heures (f pl) d'ouverture	खुलने का समय (m)	khulane ka samay
BIENVENUE!	आपका स्वागत है!	āpaka svāgat hai!
ENTRÉE	प्रवेश	pravesh
SORTIE	निकास	nikās
POUSSER	धक्का दें	dhakka den
TIRER	खींचे	khīnche
OUVERT	खुला	khula
FERMÉ	बद	band
FEMMES	औरतों के लिये	auraton ke liye
HOMMES	आदमियों के लिये	ādamiyon ke liye
RABAIS	डिस्काउन्ट	diskaunt
SOLDES	सेल	sel
NOUVEAU!	नया!	naya!
GRATUIT	मुफ्त	muft
ATTENTION!	ध्यान दें!	dhyān den!
COMPLET	कोई जगह खाली नहीं है	koī jagah khālī nahin hai
RÉSERVÉ	रिज़र्वड	rizarvad
ADMINISTRATION	प्रशासन	prashāsan
RÉSERVÉ AU PERSONNEL	केवल कर्मचारियों के लिए	keval karmachāriyon ke lie
ATTENTION CHIEN MÉCHANT	कुत्ते से सावधान!	kutte se sāvadhān!
DÉFENSE DE FUMER	धुम्रपान निषेध!	dhumrapān nishedh!
PRIÈRE DE NE PAS TOUCHER	छूना मना!	chhūna mana!
DANGEREUX	खतरा	khatara
DANGER	खतरा	khatara
HAUTE TENSION	उच्च वोल्टेज	uchch voltej
BAIGNADE INTERDITE	तैरना मना!	tairana mana!
HORS SERVICE	ख़राब	kharāb
INFLAMMABLE	ज्वलनशील	jvalanashīl
INTERDIT	निषिद्ध	nishiddh
PASSAGE INTERDIT	प्रवेश निषेध!	pravesh nishedh!
PEINTURE FRAÎCHE	गीला पेंट	gīla pent

56. Les transports en commun

autobus (m)	बस (f)	bas
tramway (m)	ट्रैम (m)	traim
trolleybus (m)	ट्रॉलीबस (f)	trolības
itinéraire (m)	मार्ग (m)	mārg
numéro (m)	नम्बर (m)	nambar
prendre ...	के माध्यम से जाना	ke mādhyam se jāna

monter (dans l'autobus)	सवार होना	savār hona
descendre de …	उतरना	utarana
arrêt (m)	बस स्टॉप (m)	bas stop
arrêt (m) prochain	अगला स्टॉप (m)	agala stop
terminus (m)	अंतिम स्टेशन (m)	antim steshan
horaire (m)	समय सारणी (f)	samay sāranī
attendre (vt)	इंतज़ार करना	intazār karana
ticket (m)	टिकट (m)	tikat
prix (m) du ticket	टिकट का किराया (m)	tikat ka kirāya
caissier (m)	कैशियर (m)	kaishiyar
contrôle (m) des tickets	टिकट जाँच (f)	tikat jānch
contrôleur (m)	कंडक्टर (m)	kandaktar
être en retard	देर हो जाना	der ho jāna
rater (~ le train)	छूट जाना	chhūt jāna
se dépêcher	जल्दी में रहना	jaldī men rahana
taxi (m)	टैक्सी (m)	taiksī
chauffeur (m) de taxi	टैक्सीवाला (m)	taiksīvāla
en taxi	टैक्सी से (m)	taiksī se
arrêt (m) de taxi	टैक्सी स्टैंड (m)	taiksī staind
appeler un taxi	टैक्सी बुलाना	taiksī bulāna
prendre un taxi	टैक्सी लेना	taiksī lena
trafic (m)	यातायात (f)	yātāyāt
embouteillage (m)	ट्रैफ़िक जाम (m)	traifik jām
heures (f pl) de pointe	भीड़ का समय (m)	bhīr ka samay
se garer (vp)	पार्क करना	pārk karana
garer (vt)	पार्क करना	pārk karana
parking (m)	पार्किंग (f)	pārking
métro (m)	मेट्रो (m)	metro
station (f)	स्टेशन (m)	steshan
prendre le métro	मेट्रो लेना	metro lena
train (m)	रेलगाड़ी, ट्रेन (f)	relagārī, tren
gare (f)	स्टेशन (m)	steshan

57. Le tourisme

monument (m)	स्मारक (m)	smārak
forteresse (f)	किला (m)	kila
palais (m)	भवन (m)	bhavan
château (m)	महल (m)	mahal
tour (f)	मीनार (f)	mīnār
mausolée (m)	समाधि (f)	samādhi
architecture (f)	वस्तुशाला (m)	vastushāla
médiéval (adj)	मध्ययुगीय	madhayayugīy
ancien (adj)	प्राचीन	prāchīn
national (adj)	राष्ट्रीय	rāshtrīy
connu (adj)	मशहूर	mashhūr

touriste (m)	पर्यटक (m)	paryatak
guide (m) (personne)	गाइड (m)	gaid
excursion (f)	पर्यटन यात्रा (m)	paryatan yātra
montrer (vt)	दिखाना	dikhāna
raconter (une histoire)	बताना	batāna
trouver (vt)	ढूँढना	dhūnrhana
se perdre (vp)	खो जाना	kho jāna
plan (m) (du metro, etc.)	नक्शा (m)	naksha
carte (f) (de la ville, etc.)	नक्शा (m)	naksha
souvenir (m)	यादगार (m)	yādagār
boutique (f) de souvenirs	गिफ्ट शॉप (f)	gift shop
prendre en photo	फोटो खींचना	foto khīnchana
se faire prendre en photo	अपना फोटो खिंचवाना	apana foto khinchavāna

58. Le shopping

acheter (vt)	खरीदना	kharīdana
achat (m)	खरीदारी (f)	kharīdārī
faire des achats	खरीदारी करने जाना	kharīdārī karane jāna
shopping (m)	खरीदारी (f)	kharīdārī
être ouvert	खुला होना	khula hona
être fermé	बन्द होना	band hona
chaussures (f pl)	जूता (m)	jūta
vêtement (m)	पोशाक (m)	poshāk
produits (m pl) de beauté	श्रृंगार-सामग्री (f)	shrrngār-sāmagrī
produits (m pl) alimentaires	खाने-पीने की चीज़ें (f pl)	khāne-pīne kī chīzen
cadeau (m)	उपहार (m)	upahār
vendeur (m)	बेचनेवाला (m)	bechanevāla
vendeuse (f)	बेचनेवाली (f)	bechanevālī
caisse (f)	कैश-काउन्टर (m)	kaish-kauntar
miroir (m)	आईना (m)	āīna
comptoir (m)	काउन्टर (m)	kauntar
cabine (f) d'essayage	ट्राई करने का कमरा (m)	traī karane ka kamara
essayer (robe, etc.)	ट्राई करना	traī karana
aller bien (robe, etc.)	फिटिंग करना	fiting karana
plaire (être apprécié)	पसंद करना	pasand karana
prix (m)	दाम (m)	dām
étiquette (f) de prix	प्राइस टैग (m)	prais taig
coûter (vt)	दाम होना	dām hona
Combien?	कितना?	kitana?
rabais (m)	डिस्काउन्ट (m)	diskaunt
pas cher (adj)	सस्ता	sasta
bon marché (adj)	सस्ता	sasta
cher (adj)	महंगा	mahanga
C'est cher	यह महंगा है	yah mahanga hai

location (f)	रेन्टल (m)	rental
louer (une voiture, etc.)	किराए पर लेना	kirae par lena
crédit (m)	क्रेडिट (m)	kredit
à crédit (adv)	क्रेडिट पर	kredit par

59. L'argent

argent (m)	पैसा (m pl)	paisa
échange (m)	मुद्रा विनिमय (m)	mudra vinimay
cours (m) de change	विनिमय दर (m)	vinimay dar
distributeur (m)	एटीएम (m)	etīem
monnaie (f)	सिक्का (m)	sikka
dollar (m)	डॉलर (m)	dolar
euro (m)	यूरो (m)	yūro
lire (f)	लीरा (f)	līra
mark (m) allemand	डचमार्क (m)	dachamārk
franc (m)	फ्रांक (m)	frānk
livre sterling (f)	पाउन्ड स्टरलिंग (m)	paund staraling
yen (m)	येन (m)	yen
dette (f)	कर्ज़ (m)	karz
débiteur (m)	कर्ज़दार (m)	qarzadār
prêter (vt)	कर्ज़ देना	karz dena
emprunter (vt)	कर्ज़ लेना	karz lena
banque (f)	बैंक (m)	baink
compte (m)	बैंक खाता (m)	baink khāta
verser dans le compte	बैंक खाते में जमा करना	baink khāte men jama karana
retirer du compte	खाते से पैसे निकालना	khāte se paise nikālana
carte (f) de crédit	क्रेडिट कार्ड (m)	kredit kārd
espèces (f pl)	कैश (m pl)	kaish
chèque (m)	चेक (m)	chek
faire un chèque	चेक लिखना	chek likhana
chéquier (m)	चेकबुक (f)	chekabuk
portefeuille (m)	बटुआ (m)	batua
bourse (f)	बटुआ (m)	batua
coffre fort (m)	लॉकर (m)	lokar
héritier (m)	उत्तराधिकारी (m)	uttarādhikārī
héritage (m)	उत्तराधिकार (m)	uttarādhikār
fortune (f)	संपत्ति (f)	sampatti
location (f)	किराये पर देना (m)	kirāye par dena
loyer (m) (argent)	किराया (m)	kirāya
louer (prendre en location)	किराए पर लेना	kirae par lena
prix (m)	दाम (m)	dām
coût (m)	कीमत (f)	kīmat
somme (f)	रक़म (f)	raqam
dépenser (vt)	खर्च करना	kharch karana

dépenses (f pl)	खर्च (m pl)	kharch
économiser (vt)	बचत करना	bachat karana
économe (adj)	किफ़ायती	kifāyatī
payer (régler)	दाम चुकाना	dām chukāna
paiement (m)	भुगतान (m)	bhugatān
monnaie (f) (rendre la ~)	चिल्लर (m)	chillar
impôt (m)	टैक्स (m)	taiks
amende (f)	जुर्माना (m)	jurmāna
mettre une amende	जुर्माना लगाना	jurmāna lagāna

60. La poste. Les services postaux

poste (f)	डाकघर (m)	dākaghar
courrier (m) (lettres, etc.)	डाक (m)	dāk
facteur (m)	डाकिया (m)	dākiya
heures (f pl) d'ouverture	खुलने का समय (m)	khulane ka samay
lettre (f)	पत्र (m)	patr
recommandé (m)	रजिस्टरी पत्र (m)	rajistarī patr
carte (f) postale	पोस्ट कार्ड (m)	post kārd
télégramme (m)	तार (m)	tār
colis (m)	पार्सल (f)	pārsal
mandat (m) postal	मनी ट्रांसफर (m)	manī trānsafar
recevoir (vt)	पाना	pāna
envoyer (vt)	भेजना	bhejana
envoi (m)	भेज (m)	bhej
adresse (f)	पता (m)	pata
code (m) postal	पिन कोड (m)	pin kod
expéditeur (m)	भेजनेवाला (m)	bhejanevāla
destinataire (m)	पानेवाला (m)	pānevāla
prénom (m)	पहला नाम (m)	pahala nām
nom (m) de famille	उपनाम (m)	upanām
tarif (m)	डाक दर (m)	dāk dar
normal (adj)	मानक	mānak
économique (adj)	किफ़ायती	kifāyatī
poids (m)	वज़न (m)	vazan
peser (~ les lettres)	तोलना	tolana
enveloppe (f)	लिफ़ाफ़ा (m)	lifāfa
timbre (m)	डाक टिकट (m)	dāk tikat
timbrer (vt)	डाक टिकट लगाना	dāk tikat lagāna

Le logement. La maison. Le foyer

61. La maison. L'électricité

électricité (f)	बिजली (f)	bijalī
ampoule (f)	बल्ब (m)	balb
interrupteur (m)	स्विच (m)	svich
plomb, fusible (m)	फ्यूज़ बटन (m)	fyūz batan

fil (m) (~ électrique)	तार (m)	tār
installation (f) électrique	तार (m)	tār
compteur (m) électrique	बिजली का मीटर (m)	bijalī ka mītar
relevé (m)	मीटर रीडिंग (f)	mītar rīding

62. La villa et le manoir

maison (f) de campagne	गाँव का मकान (m)	gānv ka makān
villa (f)	बंगला (m)	bangala
aile (f) (~ ouest)	खंड (m)	khand

jardin (m)	बाग़ (m)	bāg
parc (m)	पार्क (m)	pārk
serre (f) tropicale	ग्रीनहाउस (m)	grīnahaus
s'occuper (~ du jardin)	देखभाल करना	dekhabhāl karana

piscine (f)	तरण-ताल (m)	taran-tāl
salle (f) de gym	व्यायाम कक्ष (m)	vyāyām kaksh
court (m) de tennis	टेनिस-कोर्ट (m)	tenis-kort
salle (f) de cinéma	सिनेमाघर (m)	sinemāghar
garage (m)	गराज (m)	garāj

propriété (f) privée	नीजी सम्पत्ति (f)	nījī sampatti
terrain (m) privé	नीजी ज़मीन (f)	nījī zamīn

avertissement (m)	चेतावनी (f)	chetāvanī
panneau d'avertissement	चेतावनी संकेत (m)	chetāvanī sanket

sécurité (f)	सुरक्षा (f)	suraksha
agent (m) de sécurité	पहरेदार (m)	paharedār
alarme (f) antivol	चोर घंटी (f)	chor ghantī

63. L'appartement

appartement (m)	फ़्लैट (f)	flait
chambre (f)	कमरा (m)	kamara
chambre (f) à coucher	सोने का कमरा (m)	sone ka kamara

salle (f) à manger	खाने का कमरा (m)	khāne ka kamara
salon (m)	बैठक (f)	baithak
bureau (m)	घरेलू कार्यालय (m)	gharelū kāryālay
antichambre (f)	प्रवेश कक्ष (m)	pravesh kaksh
salle (f) de bains	स्नानघर (m)	snānaghar
toilettes (f pl)	शौचालय (m)	shauchālay
plafond (m)	छत (f)	chhat
plancher (m)	फ़र्श (m)	farsh
coin (m)	कोना (m)	kona

64. Les meubles. L'intérieur

meubles (m pl)	फ़र्निचर (m)	farnichar
table (f)	मेज़ (f)	mez
chaise (f)	कुर्सी (f)	kursī
lit (m)	पलंग (m)	palang
canapé (m)	सोफ़ा (m)	sofa
fauteuil (m)	हत्थे वाली कुर्सी (f)	hatthe vālī kursī
bibliothèque (f) (meuble)	किताबों की अलमारी (f)	kitābon kī alamārī
rayon (m)	शेल्फ़ (f)	shelf
armoire (f)	कपड़ों की अलमारी (f)	kaparon kī alamārī
patère (f)	खूँटी (f)	khūntī
portemanteau (m)	खूँटी (f)	khūntī
commode (f)	कपड़ों की अलमारी (f)	kaparon kī alamārī
table (f) basse	कॉफ़ी की मेज़ (f)	kofī kī mez
miroir (m)	आईना (m)	āīna
tapis (m)	कालीन (m)	kālīn
petit tapis (m)	दरी (f)	darī
cheminée (f)	चिमनी (f)	chimanī
bougie (f)	मोमबत्ती (f)	momabattī
chandelier (m)	मोमबत्तीदान (m)	momabattīdān
rideaux (m pl)	परदे (m pl)	parade
papier (m) peint	वॉल पेपर (m)	vol pepar
jalousie (f)	जेलुज़ी (f pl)	jeluzī
lampe (f) de table	मेज़ का लैम्प (m)	mez ka laimp
applique (f)	दिवार का लैम्प (m)	divār ka laimp
lampadaire (m)	फ़र्श का लैम्प (m)	farsh ka laimp
lustre (m)	झूमर (m)	jhūmar
pied (m) (~ de la table)	पाँव (m)	pānv
accoudoir (m)	कुर्सी का हत्था (m)	kursī ka hattha
dossier (m)	कुर्सी की पीठ (f)	kursī kī pīth
tiroir (m)	दराज़ (m)	darāz

65. La literie

linge (m) de lit	बिस्तर के कपड़े (m)	bistar ke kapare
oreiller (m)	तकिया (m)	takiya
taie (f) d'oreiller	ग़िलाफ़ (m)	gilāf
couverture (f)	रज़ाई (f)	razaī
drap (m)	चादर (f)	chādar
couvre-lit (m)	चादर (f)	chādar

66. La cuisine

cuisine (f)	रसोईघर (m)	rasoīghar
gaz (m)	गैस (m)	gais
cuisinière (f) à gaz	गैस का चूल्हा (m)	gais ka chūlha
cuisinière (f) électrique	बिजली का चूल्हा (m)	bijalī ka chūlha
four (m)	ओवन (m)	ovan
four (m) micro-ondes	माइक्रोवेव ओवन (m)	maikrovev ovan
réfrigérateur (m)	फ़्रिज (m)	frij
congélateur (m)	फ़्रीज़र (m)	frījar
lave-vaisselle (m)	डिशवॉशर (m)	dishavoshar
hachoir (m) à viande	कीमा बनाने की मशीन (f)	kīma banāne kī mashīn
centrifugeuse (f)	जूसर (m)	jūsar
grille-pain (m)	टोस्टर (m)	tostar
batteur (m)	मिक्सर (m)	miksar
machine (f) à café	कॉफ़ी मशीन (f)	kofī mashīn
cafetière (f)	कॉफ़ी पॉट (m)	kofī pot
moulin (m) à café	कॉफ़ी पीसने की मशीन (f)	kofī pīsane kī mashīn
bouilloire (f)	केतली (f)	ketalī
théière (f)	चायदानी (f)	chāyadānī
couvercle (m)	ढक्कन (m)	dhakkan
passoire (f) à thé	छलनी (f)	chhalanī
cuillère (f)	चम्मच (m)	chammach
petite cuillère (f)	चम्मच (m)	chammach
cuillère (f) à soupe	चम्मच (m)	chammach
fourchette (f)	कॉंटा (m)	kānta
couteau (m)	छुरी (f)	chhurī
vaisselle (f)	बरतन (m)	baratan
assiette (f)	तश्तरी (f)	tashtarī
soucoupe (f)	तश्तरी (f)	tashtarī
verre (m) à shot	जाम (m)	jām
verre (m) (~ d'eau)	गिलास (m)	gilās
tasse (f)	प्याला (m)	pyāla
sucrier (m)	चीनीदानी (f)	chīnīdānī
salière (f)	नमकदानी (m)	namakadānī
poivrière (f)	मिर्चदानी (f)	mirchadānī

beurrier (m)	मक्खनदानी (f)	makkhanadānī
casserole (f)	सॉसपैन (m)	sosapain
poêle (f)	फ़्राइ पैन (f)	frai pain
louche (f)	डोई (f)	doī
passoire (f)	कालेन्डर (m)	kālendar
plateau (m)	थाली (m)	thālī
bouteille (f)	बोतल (f)	botal
bocal (m) (à conserves)	शीशी (f)	shīshī
boîte (f) en fer-blanc	डिब्बा (m)	dibba
ouvre-bouteille (m)	बोतल ओपनर (m)	botal opanar
ouvre-boîte (m)	ओपनर (m)	opanar
tire-bouchon (m)	पेंचकस (m)	penchakas
filtre (m)	फ़िल्टर (m)	filtar
filtrer (vt)	फ़िल्टर करना	filtar karana
ordures (f pl)	कूड़ा (m)	kūra
poubelle (f)	कूड़े की बाल्टी (f)	kūre kī bāltī

67. La salle de bains

salle (f) de bains	स्नानघर (m)	snānaghar
eau (f)	पानी (m)	pānī
robinet (m)	नल (m)	nal
eau (f) chaude	गरम पानी (m)	garam pānī
eau (f) froide	ठंडा पानी (m)	thanda pānī
dentifrice (m)	टूथपेस्ट (m)	tūthapest
se brosser les dents	दाँत ब्रश करना	dānt brash karana
se raser (vp)	शेव करना	shev karana
mousse (f) à raser	शेविंग फ़ोम (m)	sheving fom
rasoir (m)	रेज़र (f)	rezar
laver (vt)	धोना	dhona
se laver (vp)	नहाना	nahāna
douche (f)	शावर (m)	shāvar
prendre une douche	शावर लेना	shāvar lena
baignoire (f)	बाथटब (m)	bāthatab
cuvette (f)	संडास (m)	sandās
lavabo (m)	सिंक (m)	sink
savon (m)	साबुन (m)	sābun
porte-savon (m)	साबुनदानी (f)	sābunadānī
éponge (f)	स्पंज (f)	spanj
shampooing (m)	शैम्पू (m)	shaimpū
serviette (f)	तौलिया (f)	tauliya
peignoir (m) de bain	चोगा (m)	choga
lessive (f) (faire la ~)	धुलाई (f)	dhulaī
machine (f) à laver	वॉशिंग मशीन (f)	voshing mashīn

faire la lessive	कपड़े धोना	kapare dhona
lessive (f) (poudre)	कपड़े धोने का पाउडर (m)	kapare dhone ka paudar

68. Les appareils électroménagers

téléviseur (m)	टीवी सेट (m)	tīvī set
magnétophone (m)	टेप रिकार्डर (m)	tep rikārdar
magnétoscope (m)	वीडियो टेप रिकार्डर (m)	vīdiyo tep rikārdar
radio (f)	रेडियो (m)	rediyo
lecteur (m)	प्लेयर (m)	pleyar
vidéoprojecteur (m)	वीडियो प्रोजेक्टर (m)	vīdiyo projektar
home cinéma (m)	होम थीएटर (m)	hom thīetar
lecteur DVD (m)	डीवीडी प्लेयर (m)	dīvīdī pleyar
amplificateur (m)	ध्वनि-विस्तारक (m)	dhvani-vistārak
console (f) de jeux	वीडियो गेम कन्सोल (m)	vīdiyo gem kansol
caméscope (m)	वीडियो कैमरा (m)	vīdiyo kaimara
appareil (m) photo	कैमरा (m)	kaimara
appareil (m) photo numérique	डिजिटल कैमरा (m)	dījital kaimara
aspirateur (m)	वैक्यूम क्लीनर (m)	vaikyūm klīnar
fer (m) à repasser	इस्तरी (f)	istarī
planche (f) à repasser	इस्तरी तख्ता (m)	istarī takhta
téléphone (m)	टेलीफ़ोन (m)	telīfon
portable (m)	मोबाइल फ़ोन (m)	mobail fon
machine (f) à écrire	टाइपराइटर (m)	taiparaitar
machine (f) à coudre	सिलाई मशीन (f)	silaī mashīn
micro (m)	माइक्रोफ़ोन (m)	maikrofon
écouteurs (m pl)	हैडफ़ोन (m pl)	hairafon
télécommande (f)	रिमोट (m)	rimot
CD (m)	सीडी (m)	sīdī
cassette (f)	कैसेट (f)	kaiset
disque (m) (vinyle)	रिकार्ड (m)	rikārd

LES ACTIVITÉS HUMAINS

Le travail. Les affaires. Partie 1

69. Le bureau. La vie de bureau

bureau (m) (établissement)	कार्यालय (m)	kāryālay
bureau (m) (au travail)	कार्यालय (m)	kāryālay
accueil (m)	रिसेप्शन (m)	risepshan
secrétaire (f)	सेक्रटरी (f)	sekratarī
directeur (m)	निदेशक (m)	nideshak
manager (m)	मैनेजर (m)	mainejar
comptable (m)	लेखापाल (m)	lekhāpāl
collaborateur (m)	कर्मचारी (m)	karmachārī
meubles (m pl)	फ़र्निचर (m)	farnichar
bureau (m)	मेज़ (f)	mez
fauteuil (m)	कुर्सी (f)	kursī
classeur (m) à tiroirs	साइड टेबल (f)	said tebal
portemanteau (m)	खूँटी (f)	khūntī
ordinateur (m)	कंप्यूटर (m)	kampyūtar
imprimante (f)	प्रिन्टर (m)	printar
fax (m)	फ़ैक्स मशीन (f)	faiks mashīn
copieuse (f)	ज़ीरोक्स (m)	zīroks
papier (m)	काग़ज़ (m)	kāgaz
papeterie (f)	स्टेशनरी (m pl)	steshanarī
tapis (m) de souris	माउस पैड (m)	maus paid
feuille (f)	पन्ना (m)	panna
classeur (m)	बाइन्डर (m)	baindar
catalogue (m)	कैटेलॉग (m)	kaitelog
annuaire (m)	डाइरेक्टरी (f)	dairektarī
documents (m pl)	दस्तावेज़ (m)	dastāvez
brochure (f)	पुस्तिका (f)	pustika
prospectus (m)	पर्चा (m)	parcha
échantillon (m)	नमूना (m)	namūna
formation (f)	प्रशिक्षण बैठक (f)	prashikshan baithak
réunion (f)	बैठक (f)	baithak
pause (f) déjeuner	मध्यान्तर (m)	madhyāntar
faire une copie	कॉपी करना	kopī karana
faire des copies	ज़ीरोक्स करना	zīroks karana
recevoir un fax	फ़ैक्स मिलना	faiks milana
envoyer un fax	फ़ैक्स भेजना	faiks bhejana
téléphoner, appeler	फ़ोन करना	fon karana

répondre (vi, vt)	जवाब देना	javāb dena
passer (au téléphone)	फ़ोन ट्रांस्फ़र करना	fon trānsfar karana
fixer (rendez-vous)	व्यवस्थित करना	vyavasthit karana
montrer (un échantillon)	प्रदर्शित करना	pradarshit karana
être absent	अनुपस्थित होना	anupasthit hona
absence (f)	अनुपस्थिती (f)	anupasthitī

70. Les processus d'affaires. Partie 1

métier (m)	पेशा (m)	pesha
firme (f), société (f)	कम्पनी (f)	kampanī
compagnie (f)	कम्पनी (f)	kampanī
corporation (f)	निगम (m)	nigam
entreprise (f)	उद्योग (m)	udyog
agence (f)	एजेंसी (f)	ejensī
accord (m)	समझौता (f)	samajhauta
contrat (m)	ठेका (m)	theka
marché (m) (accord)	सौदा (f)	sauda
commande (f)	आर्डर (m)	ārdar
terme (m) (~ du contrat)	शर्तें (f)	sharten
en gros (adv)	थोक	thok
en gros (adj)	थोक	thok
vente (f) en gros	थोक (m)	thok
au détail (adj)	खुदरा	khudara
vente (f) au détail	खुदरा (m)	khudara
concurrent (m)	प्रतियोगी (m)	pratiyogī
concurrence (f)	प्रतियोगिता (f)	pratiyogita
concurrencer (vt)	प्रतियोगिता करना	pratiyogita karana
associé (m)	सहयोगी (f)	sahayogī
partenariat (m)	साझेदारी (f)	sājhedārī
crise (f)	संकट (m)	sankat
faillite (f)	दिवाला (m)	divāla
faire faillite	दिवालिया हो जाना	divāliya ho jāna
difficulté (f)	कठिनाई (f)	kathinaī
problème (m)	समस्या (f)	samasya
catastrophe (f)	दुर्घटना (f)	durghatana
économie (f)	अर्थशास्त्र (f)	arthashāstr
économique (adj)	आर्थिक	ārthik
baisse (f) économique	अर्थिक गिरावट (f)	arthik girāvat
but (m)	लक्ष्य (m)	lakshy
objectif (m)	कार्य (m)	kāry
faire du commerce	व्यापार करना	vyāpār karana
réseau (m) (de distribution)	जाल (m)	jāl
inventaire (m) (stocks)	गोदाम (m)	godām
assortiment (m)	किस्म (m)	kism

leader (m)	लीडर (m)	līdar
grande (~ entreprise)	विशाल	vishāl
monopole (m)	एकाधिकार (m)	ekādhikār
théorie (f)	सिद्धांत (f)	siddhānt
pratique (f)	व्यवहार (f)	vyavahār
expérience (f)	अनुभव (m)	anubhav
tendance (f)	प्रवृत्ति (f)	pravrtti
développement (m)	विकास (m)	vikās

71. Les processus d'affaires. Partie 2

rentabilité (m)	लाभ (f)	lābh
rentable (adj)	फ़ायदेमन्द	fāyademand
délégation (f)	प्रतिनिधिमंडल (f)	pratinidhimandal
salaire (m)	आय (f)	āy
corriger (une erreur)	ठीक करना	thīk karana
voyage (m) d'affaires	व्यापारिक यात्रा (f)	vyāpārik yātra
commission (f)	आयोग (f)	āyog
contrôler (vt)	जांचना	jānchana
conférence (f)	सम्मेलन (m)	sammelan
licence (f)	अनुज्ञप्ति (f)	anugyapti
fiable (partenaire ~)	विश्वसनीय	vishvasanīy
initiative (f)	पहल (f)	pahal
norme (f)	मानक (m)	mānak
circonstance (f)	परिस्थिति (f)	paristhiti
fonction (f)	कर्तव्य (m)	kartavy
entreprise (f)	संगठन (f)	sangathan
organisation (f)	आयोजन (m)	āyojan
organisé (adj)	आयोजित	āyojit
annulation (f)	निरस्तीकरण (m)	nirastīkaran
annuler (vt)	रद्द करना	radd karana
rapport (m)	रिपोर्ट (m)	riport
brevet (m)	पेटेंट (m)	petent
breveter (vt)	पेटेंट करना	petent karana
planifier (vt)	योजना बनाना	yojana banāna
prime (f)	बोनस (m)	bonas
professionnel (adj)	पेशेवर	peshevar
procédure (f)	प्रक्रिया (f)	prakriya
examiner (vt)	विचार करना	vichār karana
calcul (m)	हिसाब (m)	hisāb
réputation (f)	प्रतिष्ठा (f)	pratishtha
risque (m)	जोखिम (m)	jokhim
diriger (~ une usine)	प्रबंध करना	prabandh karana
renseignements (m pl)	सूचना (f)	sūchana
propriété (f)	जायदाद (f)	jāyadād

union (f)	संघ (m)	sangh
assurance vie (f)	जीवन-बीमा (m)	jīvan-bīma
assurer (vt)	बीमा करना	bīma karana
assurance (f)	बीमा (m)	bīma
enchères (f pl)	नीलामी (m pl)	nīlāmī
notifier (informer)	जानकारी देना	jānakārī dena
gestion (f)	प्रबंधन (m)	prabandhan
service (m)	सेवा (f)	seva
forum (m)	मंच (m)	manch
fonctionner (vi)	कार्य करना	kāry karana
étape (f)	चरण (m)	charan
juridique (services ~s)	कानूनी	kānūnī
juriste (m)	वकील (m)	vakīl

72. L'usine. La production

usine (f)	कारख़ाना (m)	kārakhāna
fabrique (f)	कारख़ाना (m)	kārakhāna
atelier (m)	वर्कशाप (m)	varkashāp
site (m) de production	उत्पादन स्थल (m)	utpādan sthal
industrie (f)	उद्योग (m)	udyog
industriel (adj)	औद्योगिक	audyogik
industrie (f) lourde	भारी उद्योग (m)	bhārī udyog
industrie (f) légère	हल्का उद्योग (m)	halka udyog
produit (m)	उत्पाद (m)	utpād
produire (vt)	उत्पादन करना	utpādan karana
matières (f pl) premières	कच्चा माल (m)	kachcha māl
chef (m) d'équipe	फ़ोरमैन (m)	foramain
équipe (f) d'ouvriers	मज़दूर दल (m)	mazadūr dal
ouvrier (m)	मज़दूर (m)	mazadūr
jour (m) ouvrable	कार्यदिवस (m)	kāryadivas
pause (f) (repos)	अंतराल (m)	antarāl
réunion (f)	बैठक (f)	baithak
discuter (vt)	चर्चा करना	charcha karana
plan (m)	योजना (f)	yojana
accomplir le plan	योजना बनाना	yojana banāna
norme (f) de production	उत्पादन दर (f)	utpādan dar
qualité (f)	गुणवत्ता (f)	gunavatta
contrôle (m)	जाँच (f)	jānch
contrôle (m) qualité	गुणवत्ता जाँच (f)	gunavatta jānch
sécurité (f) de travail	कार्यस्थल सुरक्षा (f)	kāryasthal suraksha
discipline (f)	अनुशासन (m)	anushāsan
infraction (f)	उल्लंघन (m)	ullanghan
violer (les règles)	उल्लंघन करना	ullanghan karana
grève (f)	हड़ताल (f)	haratāl
gréviste (m)	हड़तालकारी (m)	haratālakārī

faire grève	हड़ताल करना	haratāl karana
syndicat (m)	ट्रेड-यूनियन (m)	tred-yūniyan
inventer (machine, etc.)	आविष्कार करना	āvishkār karana
invention (f)	आविष्कार (m)	āvishkār
recherche (f)	अनुसंधान (f)	anusandhān
améliorer (vt)	सुधारना	sudhārana
technologie (f)	प्रौद्योगिकी (f)	praudyogikī
dessin (m) technique	तकनीकी चित्रकारी (f)	takanīkī chitrakārī
charge (f) (~ de 3 tonnes)	भार (m)	bhār
chargeur (m)	कुली (m)	kulī
charger (véhicule, etc.)	लादना	lādana
chargement (m)	लादना (m)	lādana
décharger (vt)	सामान उतारना	sāmān utārana
déchargement (m)	उतारना	utārana
transport (m)	परिवहन (m)	parivahan
compagnie (f) de transport	परिवहन कम्पनी (f)	parivahan kampanī
transporter (vt)	अपवाहन करना	apavāhan karana
wagon (m) de marchandise	माल गाड़ी (f)	māl gārī
citerne (f)	टैंकर (m)	tainkar
camion (m)	ट्रक (m)	trak
machine-outil (f)	मशीनी उपकरण (m)	mashīnī upakaran
mécanisme (m)	यंत्र (m)	yantr
déchets (m pl)	औद्योगिक अवशेष (m)	audyogik avashesh
emballage (m)	पैकिंग (f)	paiking
emballer (vt)	पैक करना	paik karana

73. Le contrat. L'accord

contrat (m)	ठेका (m)	theka
accord (m)	समझौता (f)	samajhauta
annexe (f)	परिशिष्ट (f)	parishisht
signer un contrat	अनुबंध पर हस्ताक्षर करना	anubandh par hastākshar karana
signature (f)	हस्ताक्षर (m)	hastākshar
signer (vt)	हस्ताक्षर करना	hastākshar karana
cachet (m)	सील (m)	sīl
objet (m) du contrat	अनुबंध की विषय-वस्तु (f)	anubandh kī vishay-vastu
clause (f)	धारा (f)	dhāra
côtés (m pl)	पार्टी (f)	pārtī
adresse (f) légale	कानूनी पता (m)	kānūnī pata
violer l'accord	अनुबंध का उल्लंघन करना	anubandh ka ullanghan karana
obligation (f)	प्रतिबद्धता (f)	pratibaddhta
responsabilité (f)	ज़िम्मेदारी (f)	zimmedārī
force (f) majeure	अप्रत्याशित घटना (f)	apratyāshit ghatana

| litige (m) | विवाद (m) | vivād |
| pénalités (f pl) | जुर्माना (m) | jurmāna |

74. L'importation. L'exportation

importation (f)	आयात (m)	āyāt
importateur (m)	आयातकर्ता (m)	āyātakarta
importer (vt)	आयात करना	āyāt karana
d'importation	आयातित	āyātit

| exportateur (m) | निर्यातकर्ता (m) | niryātakarta |
| exporter (vt) | निर्यात करना | niryāt karana |

| marchandise (f) | माल (m) | māl |
| lot (m) de marchandises | प्रेषित माल (m) | preshit māl |

poids (m)	वज़न (m)	vazan
volume (m)	आयतन (m)	āyatan
mètre (m) cube	घन मीटर (m)	ghan mītar

producteur (m)	उत्पादक (m)	utpādak
compagnie (f) de transport	वाहन कम्पनी (f)	vāhan kampanī
container (m)	डिब्बा (m)	dibba

frontière (f)	सीमा (f)	sīma
douane (f)	सीमाशुल्क कार्यालय (f)	sīmāshulk kāryālay
droit (m) de douane	सीमाशुल्क (m)	sīmāshulk
douanier (m)	सीमाशुल्क अधिकारी (m)	sīmāshulk adhikārī
contrebande (f) (trafic)	तस्करी (f)	taskarī
contrebande (f)	तस्करी का माल (m)	taskarī ka māl

75. La finance

action (f)	शेयर (f)	sheyar
obligation (f)	बाँड (m)	bānd
lettre (f) de change	विनिमय पत्र (m)	vinimay patr

| bourse (f) | स्टॉक मार्केट (m) | stok mārket |
| cours (m) d'actions | शेयर का मूल्य (m) | sheyar ka mūly |

| baisser (vi) | मूल्य कम होना | mūly kam hona |
| augmenter (vi) (prix) | मूल्य बढ़ जाना | mūly barh jāna |

participation (f) de contrôle	नियंत्रण हित (f)	niyantran hit
investissements (m pl)	निवेश (f)	nivesh
investir (vt)	निवेश करना	nivesh karana
pour-cent (m)	प्रतिशत (f)	pratishat
intérêts (m pl)	ब्याज (m pl)	byāj

profit (m)	नफ़ा (m)	nafa
profitable (adj)	लाभदायक	lābhadāyak
impôt (m)	कर (f)	kar

devise (f)	मुद्रा (m)	mudra
national (adj)	राष्ट्रीय	rāshtrīy
échange (m)	विनिमय (m)	vinimay
comptable (m)	लेखापाल (m)	lekhāpāl
comptabilité (f)	लेखा विभाग (m)	lekha vibhāg
faillite (f)	दिवाला (m)	divāla
krach (m)	वित्तीय पतन (m)	vittīy pattan
ruine (f)	बरबादी (m)	barabādī
se ruiner (vp)	आर्थिक रूप से बरबादी	ārthik rūp se barabādī
inflation (f)	मुद्रास्फीति (f)	mudrāsfīti
dévaluation (f)	अवमूल्यन (m)	avamūlyan
capital (m)	पूँजी (f)	pūnjī
revenu (m)	आय (f)	āy
chiffre (m) d'affaires	कुल बिक्री (f)	kul bikrī
ressources (f pl)	वित्तीय संसाधन (m)	vittīy sansādhan
moyens (m pl) financiers	मुद्रागत संसाधन (m)	mudrāgat sansādhan
réduire (vt)	कम करना	kam karana

76. La commercialisation. Le marketing

marketing (m)	विपणन (m)	vipanan
marché (m)	मंडी (f)	mandī
segment (m) du marché	बाज़ार क्षेत्र (m)	bāzār kshetr
produit (m)	उत्पाद (m)	utpād
marchandise (f)	माल (m)	māl
marque (f) déposée	ट्रेड मार्क (m)	tred mārk
logotype (m)	लोगोटाइप (m)	logotaip
logo (m)	लोगो (m)	logo
demande (f)	मांग (f)	māng
offre (f)	आपूर्ति (f)	āpūrti
besoin (m)	ज़रूरत (f)	zarūrat
consommateur (m)	उपभोक्ता (m)	upabhokta
analyse (f)	विश्लेषण (m)	vishleshan
analyser (vt)	विश्लेषण करना	vishleshan karana
positionnement (m)	स्थिति-निर्धारण (f)	sthiti-nirdhāran
positionner (vt)	स्थिति-निर्धारण करना	sthiti-nirdhāran karana
prix (m)	दाम (m)	dām
politique (f) des prix	मूल्य निर्धारण नीति (f)	mūly nirdhāran nīti
formation (f) des prix	मूल्य स्थापना (f)	mūly sthāpana

77. La publicité

publicité (f), pub (f)	विज्ञापन (m)	vigyāpan
faire de la publicité	विज्ञापन देना	vigyāpan dena
budget (m)	बजट (m)	bajat

annonce (f), pub (f)	विज्ञापन (m)	vigyāpan
publicité (f) à la télévision	टीवी विज्ञापन (m)	tīvī vigyāpan
publicité (f) à la radio	रेडियो विज्ञापन (m)	rediyo vigyāpan
publicité (f) extérieure	बिलबोर्ड विज्ञापन (m)	bilabord vigyāpan
mass média (m pl)	जनसंपर्क माध्यम (m)	janasampark mādhyam
périodique (m)	पत्रिका (f)	patrika
image (f)	सार्वजनिक छवि (f)	sārvajanik chhavi
slogan (m)	नारा (m)	nāra
devise (f)	नारा (m)	nāra
campagne (f)	अभियान (m)	abhiyān
campagne (f) publicitaire	विज्ञापन प्रचार (m)	vigyāpan prachār
public (m) cible	श्रोतागण (f)	shrotāgan
carte (f) de visite	बिज़नेस कार्ड (m)	bizanes kārd
prospectus (m)	पर्चा (f)	parcha
brochure (f)	ब्रोशर (m)	broshar
dépliant (m)	पर्चा (f)	parcha
bulletin (m)	सूचनापत्र (m)	sūchanāpatr
enseigne (f)	नेमप्लेट (m)	nemaplet
poster (m)	पोस्टर (m)	postar
panneau-réclame (m)	इश्तहार (m)	ishtahār

78. Les opérations bancaires

banque (f)	बैंक (m)	baink
agence (f) bancaire	शाखा (f)	shākha
conseiller (m)	क्लर्क (m)	klark
gérant (m)	मैनेजर (m)	mainejar
compte (m)	बैंक खाता (m)	baink khāta
numéro (m) du compte	खाते का नम्बर (m)	khāte ka nambar
compte (m) courant	चालू खाता (m)	chālū khāta
compte (m) sur livret	बचत खाता (m)	bachat khāta
ouvrir un compte	खाता खोलना	khāta kholana
clôturer le compte	खाता बंद करना	khāta band karana
verser dans le compte	खाते में जमा करना	khāte men jama karana
retirer du compte	खाते से पैसा निकालना	khāte se paisa nikālana
dépôt (m)	जमा (m)	jama
faire un dépôt	जमा करना	jama karana
virement (m) bancaire	तार स्थानांतरण (m)	tār sthānāntaran
faire un transfert	पैसे स्थानांतरित करना	paise sthānāntarit karana
somme (f)	रक़म (m)	raqam
Combien?	कितना?	kitana?
signature (f)	हस्ताक्षर (f)	hastākshar
signer (vt)	हस्ताक्षर करना	hastākshar karana

carte (f) de crédit	क्रेडिट कार्ड (m)	kredit kārd
code (m)	पिन कोड (m)	pin kod
numéro (m) de carte de crédit	क्रेडिट कार्ड संख्या (f)	kredit kārd sankhya
distributeur (m)	एटीएम (m)	etīem
chèque (m)	चेक (m)	chek
faire un chèque	चेक लिखना	chek likhana
chéquier (m)	चेकबुक (f)	chekabuk
crédit (m)	उधार (m)	uthār
demander un crédit	उधार के लिए आवेदन करना	udhār ke lie āvedan karana
prendre un crédit	उधार लेना	uthār lena
accorder un crédit	उधार देना	uthār dena
gage (m)	गारन्टी (f)	gārantī

79. Le téléphone. La conversation téléphonique

téléphone (m)	फ़ोन (m)	fon
portable (m)	मोबाइल फ़ोन (m)	mobail fon
répondeur (m)	जवाबी मशीन (f)	javābī mashīn
téléphoner, appeler	फ़ोन करना	fon karana
appel (m)	कॉल (m)	kol
composer le numéro	नम्बर लगाना	nambar lagāna
Allô!	हेलो!	helo!
demander (~ l'heure)	पूछना	pūchhana
répondre (vi, vt)	जवाब देना	javāb dena
entendre (bruit, etc.)	सुनना	sunana
bien (adv)	ठीक	thīk
mal (adv)	ठीक नहीं	thīk nahin
bruits (m pl)	आवाज़ें (f)	āvāzen
récepteur (m)	रिसीवर (m)	risīvar
décrocher (vt)	फ़ोन उठाना	fon uthāna
raccrocher (vi)	फ़ोन रखना	fon rakhana
occupé (adj)	बिज़ी	bizī
sonner (vi)	फ़ोन बजना	fon bajana
carnet (m) de téléphone	टेलीफ़ोन बुक (m)	telīfon buk
local (adj)	लोकल	lokal
interurbain (adj)	लंबी दूरी की कॉल	lambī dūrī kī kol
international (adj)	अंतरराष्ट्रीय	antarrāshtrīy

80. Le téléphone portable

portable (m)	मोबाइल फ़ोन (m)	mobail fon
écran (m)	डिस्प्ले (m)	disple
bouton (m)	बटन (m)	batan
carte SIM (f)	सिम कार्ड (m)	sim kārd
pile (f)	बैटरी (f)	baitarī

être déchargé	बैटरी डेड हो जाना	baitarī ded ho jāna
chargeur (m)	चार्जर (m)	chārjar
menu (m)	मीनू (m)	mīnū
réglages (m pl)	सेटिंग्स (f)	setings
mélodie (f)	कॉलर ट्यून (m)	kolar tyūn
sélectionner (vt)	चुनना	chunana
calculatrice (f)	कैल्कुलैटर (m)	kailkulaitar
répondeur (m)	वॉयस मेल (f)	voyas mel
réveil (m)	अलार्म घड़ी (f)	alārm gharī
contacts (m pl)	संपर्क (m)	sampark
SMS (m)	एसएमएस (m)	esemes
abonné (m)	सदस्य (m)	sadasy

81. La papeterie

stylo (m) à bille	बॉल पेन (m)	bol pen
stylo (m) à plume	फाउन्टेन पेन (m)	faunten pen
crayon (m)	पेंसिल (f)	pensil
marqueur (m)	हाइलाइटर (m)	hailaitar
feutre (m)	फ़ेल्ट टिप पेन (m)	felt tip pen
bloc-notes (m)	नोटबुक (m)	notabuk
agenda (m)	डायरी (f)	dāyarī
règle (f)	स्केल (m)	skel
calculatrice (f)	कैल्कुलेटर (m)	kailkuletar
gomme (f)	रबड़ (f)	rabar
punaise (f)	थंबटैक (m)	thanrbataik
trombone (m)	पेपर क्लिप (m)	pepar klip
colle (f)	गोंद (f)	gond
agrafeuse (f)	स्टेप्लर (m)	steplar
perforateur (m)	होल पंचर (m)	hol panchar
taille-crayon (m)	शार्पनर (m)	shārpanar

82. Les types d'activités économiques

services (m pl) comptables	लेखा सेवा (f)	lekha seva
publicité (f), pub (f)	विज्ञापन (m)	vigyāpan
agence (f) publicitaire	विज्ञापन एजन्सी (f)	vigyāpan ejansī
climatisation (m)	वातानुकूल सेवा (f)	vātānukūlak seva
compagnie (f) aérienne	हवाई कम्पनी (f)	havaī kampanī
boissons (f pl) alcoolisées	मद्य पदार्थ (m)	mady padārth
antiquités (f pl)	पुरानी चीज़ें (f)	purānī chīzen
galerie (f) d'art	चित्रशाला (f)	chitrashāla
services (m pl) d'audition	लेखापरीक्षा सेवा (f)	lekhāparīksha seva
banques (f pl)	बैंक (m)	baink

bar (m)	बार (m)	bār
salon (m) de beauté	ब्यूटी पार्लर (m)	byūtī pārlar
librairie (f)	किताबों की दुकान (f)	kitābon kī dukān
brasserie (f) (fabrique)	शराब की भट्ठी (f)	sharāb kī bhaṭhṭhī
centre (m) d'affaires	व्यापार केन्द्र (m)	vyāpār kendr
école (f) de commerce	व्यापार विद्यालय (m)	vyāpār vidyālay
casino (m)	केसिनो (m)	kesino
bâtiment (m)	निर्माण (m)	nirmān
conseil (m)	परामर्श सेवा (f)	parāmarsh seva
dentistes (pl)	दंतचिकित्सा क्लिनिक (f)	dantachikitsa klinik
design (m)	डिज़ाइन (m)	dizain
pharmacie (f)	दवाख़ाना (m)	davākhāna
pressing (m)	ड्राइक्लीनिंग (f)	draiklīning
agence (f) de recrutement	रोज़गार एजेंसी (f)	rozagār ejensī
service (m) financier	वित्त सेवा (f)	vitt seva
produits (m pl) alimentaires	खाद्य पदार्थ (m)	khādy padārth
maison (f) funéraire	शमशान घाट (m)	shamashān ghāt
meubles (m pl)	फ़र्निचर (m)	farnichar
vêtement (m)	पोशाक (m)	poshāk
hôtel (m)	होटल (m)	hotal
glace (f)	आईसक्रीम (f)	āīsakrīm
industrie (f)	उद्योग (m)	udyog
assurance (f)	बीमा (m)	bīma
Internet (m)	इन्टरनेट (m)	intaranet
investissements (m pl)	निवेश (f)	nivesh
bijoutier (m)	सुनार (m)	sunār
bijouterie (f)	आभूषण (m)	ābhūshan
blanchisserie (f)	धोबीघर (m)	dhobīghar
service (m) juridique	कानूनी सलाह (f)	kānūnī salāh
industrie (f) légère	हल्का उद्योग (m)	halka udyog
revue (f)	पत्रिका (f)	patrika
vente (f) par catalogue	मेल-ऑर्डर विक्रय (m)	mel-ordar vikray
médecine (f)	औषधि (f)	aushadhi
cinéma (m)	सिनेमाघर (m)	sinemāghar
musée (m)	संग्रहालय (m)	sangrahālay
agence (f) d'information	सूचना केन्द्र (m)	sūchana kendr
journal (m)	अख़बार (m)	akhabār
boîte (f) de nuit	नाइट क्लब (m)	nait klab
pétrole (m)	पेट्रोलियम (m)	petroliyam
coursiers (m pl)	कुरियर सेवा (f)	kuriyar seva
industrie (f) pharmaceutique	औषधि (f)	aushadhi
imprimerie (f)	छपाई (m)	chhapaī
maison (f) d'édition	प्रकाशन गृह (m)	prakāshan grh
radio (f)	रेडियो (m)	rediyo
immobilier (m)	अचल संपत्ति (f)	achal sampatti
restaurant (m)	रेस्टरां (m)	restarān
agence (f) de sécurité	सुरक्षा एजेंसी (f)	suraksha ejensī

sport (m)	क्रीड़ा (f)	krīra
bourse (f)	स्टॉक मार्केट (m)	stok mārket
magasin (m)	दुकान (f)	dukān
supermarché (m)	सुपर बाज़ार (m)	supar bāzār
piscine (f)	तरण-ताल (m)	taran-tāl
atelier (m) de couture	दर्ज़ी (m)	darzī
télévision (f)	टीवी (m)	tīvī
théâtre (m)	रंगमंच (m)	rangamanch
commerce (m)	व्यापार (m)	vyāpār
sociétés de transport	परिवहन (m)	parivahan
tourisme (m)	पर्यटन (m)	paryatan
vétérinaire (m)	पशुचिकित्सक (m)	pashuchikitsak
entrepôt (m)	भंडार (m)	bhandār
récupération (f) des déchets	कूड़ा उठाने की सेवा (f)	kūra uthāne kī seva

Le travail. Les affaires. Partie 2

83. Les foires et les salons

salon (m)	प्रदर्शनी (f)	pradarshanī
salon (m) commercial	व्यापारिक प्रदर्शनी (f)	vyāpārik pradarshanī
participation (f)	शिरकत (f)	shirakat
participer à …	भाग लेना	bhāg lena
participant (m)	प्रतिभागी (m)	pratibhāgī
directeur (m)	निदेशक (m)	nideshak
direction (f)	आयोजकों का कार्यालय (m)	āyojakon ka kāryālay
organisateur (m)	आयोजक (m)	āyojak
organiser (vt)	आयोजित करना	āyojit karana
demande (f) de participation	प्रतिभागी प्रपत्र (m)	pratibhāgī prapatr
remplir (vt)	भरना	bharana
détails (m pl)	विवरण (m)	vivaran
information (f)	जानकारी (f)	jānakārī
prix (m)	दाम (m)	dām
y compris	सहित	sahit
inclure (~ les taxes)	शामिल करना	shāmil karana
payer (régler)	दाम चुकाना	dām chukāna
droits (m pl) d'inscription	पंजीकरण शुल्क (f)	panjīkaran shulk
entrée (f)	प्रवेश (m)	pravesh
pavillon (m)	हॉल (m)	hol
enregistrer (vt)	पंजीकरण करवाना	panjīkaran karavāna
badge (m)	बैज (f)	baij
stand (m)	स्टेंड (m)	stend
réserver (vt)	बुक करना	buk karana
vitrine (f)	प्रदर्शन खिड़की (f)	pradarshan khirakī
lampe (f)	स्पॉटलाइट (f)	spotalait
design (m)	डिज़ाइन (m)	dizain
mettre (placer)	रखना	rakhana
distributeur (m)	वितरक (m)	vitarak
fournisseur (m)	आपूर्तिकर्ता (m)	āpūrtikarta
pays (m)	देश (m)	desh
étranger (adj)	विदेश	videsh
produit (m)	उत्पाद (m)	utpād
association (f)	संस्था (f)	sanstha
salle (f) de conférences	सम्मेलन भवन (m)	sammelan bhavan
congrès (m)	सम्मेलन (m)	sammelan

concours (m)	प्रतियोगिता (f)	pratiyogita
visiteur (m)	सहभागी (m)	sahabhāgī
visiter (vt)	भाग लेना	bhāg lena
client (m)	ग्राहक (m)	grāhak

84. La recherche scientifique et les chercheurs

science (f)	विज्ञान (m)	vigyān
scientifique (adj)	वैज्ञानिक	vaigyānik
savant (m)	वैज्ञानिक (m)	vaigyānik
théorie (f)	सिद्धांत (f)	siddhānt
axiome (m)	सिद्ध प्रमाण (m)	siddh pramān
analyse (f)	विश्लेषण (m)	vishleshan
analyser (vt)	विश्लेषण करना	vishleshan karana
argument (m)	तथ्य (m)	tathy
substance (f) (matière)	पदार्थ (m)	padārth
hypothèse (f)	परिकल्पना (f)	parikalpana
dilemme (m)	दुविधा (m)	duvidha
thèse (f)	शोधनिबंध (m)	shodhanibandh
dogme (m)	हठधर्मिता (f)	hathadharmita
doctrine (f)	सिद्धांत (m)	siddhānt
recherche (f)	शोध (m)	shodh
rechercher (vt)	शोध करना	shodh karana
test (m)	जांच (f)	jānch
laboratoire (m)	प्रयोगशाला (f)	prayogashāla
méthode (f)	वीधि (f)	vīdhi
molécule (f)	अणु (m)	anu
monitoring (m)	निगरानी (f)	nigarānī
découverte (f)	आविष्कार (m)	āvishkār
postulat (m)	स्वसिद्ध (m)	svasiddh
principe (m)	सिद्धांत (m)	siddhānt
prévision (f)	पूर्वानुमान (m)	pūrvānumān
prévoir (vt)	पूर्वानुमान करना	pūrvānumān karana
synthèse (f)	संश्लेषण (m)	sanshleshan
tendance (f)	प्रवृत्ति (f)	pravrtti
théorème (m)	प्रमेय (m)	pramey
enseignements (m pl)	शिक्षा (f)	shiksha
fait (m)	तथ्य (m)	tathy
expédition (f)	अभियान (m)	abhiyān
expérience (f)	प्रयोग (m)	prayog
académicien (m)	अकदमीशियन (m)	akadamīshiyan
bachelier (m)	स्नातक (m)	snātak
docteur (m)	डॉक्टर (m)	doktar
chargé (m) de cours	सह - प्राध्यापक (m)	sah - prādhyāpak
magistère (m)	स्नातकोत्तर (m)	snātakottar
professeur (m)	प्रोफेसर (m)	profesar

Les professions. Les métiers

85. La recherche d'emploi. Le licenciement

travail (m)	नौकरी (f)	naukarī
personnel (m)	कर्मचारी (m)	karmachārī
carrière (f)	व्यवसाय (m)	vyavasāy
perspective (f)	संभावना (f)	sambhāvana
maîtrise (f)	हुनर (m)	hunar
sélection (f)	चुनाव (m)	chunāv
agence (f) de recrutement	रोज़गार केन्द्र (m)	rozagār kendr
C.V. (m)	रेज़्यूम (m)	rijyūm
entretien (m)	नौकरी के लिए साक्षात्कार (m)	naukarī ke lie sākshātkār
emploi (m) vacant	रिक्ति (f)	rikti
salaire (m)	वेतन (m)	vetan
salaire (m) fixe	वेतन (m)	vetan
rémunération (f)	भुगतान (m)	bhugatān
poste (m) (~ évolutif)	पद (m)	pad
fonction (f)	कर्तव्य (m)	kartavy
liste (f) des fonctions	कार्य-क्षेत्र (m)	kāry-kshetr
occupé (adj)	व्यस्त	vyast
licencier (vt)	बरख़ास्त करना	barakhāst karana
licenciement (m)	बरख़ास्तगी (f)	barakhāstagī
chômage (m)	बेरोज़गारी (f)	berozagārī
chômeur (m)	बेरोज़गार (m)	berozagār
retraite (f)	सेवा-निवृत्ति (f)	seva-nivrtti
prendre sa retraite	सेवा-निवृत्त होना	seva-nivrtt hona

86. Les hommes d'affaires

directeur (m)	निदेशक (m)	nideshak
gérant (m)	प्रबंधक (m)	prabandhak
patron (m)	मालिक (m)	mālik
supérieur (m)	वरिष्ठ अधिकारी (m)	varishth adhikārī
supérieurs (m pl)	वरिष्ठ अधिकारी (m)	varishth adhikārī
président (m)	अध्यक्ष (m)	adhyaksh
président (m) (d'entreprise)	सभाध्यक्ष (m)	sabhādhyaksh
adjoint (m)	उपाध्यक्ष (m)	upādhyaksh
assistant (m)	सहायक (m)	sahāyak
secrétaire (m, f)	सेक्रटरी (f)	sekratarī

secrétaire (m, f) personnel	निजी सहायक (m)	nijī sahāyak
homme (m) d'affaires	व्यापारी (m)	vyāpārī
entrepreneur (m)	उद्यमी (m)	udyamī
fondateur (m)	संस्थापक (m)	sansthāpak
fonder (vt)	स्थापित करना	sthāpit karana
fondateur (m)	स्थापक (m)	sthāpak
partenaire (m)	पार्टनर (m)	pārtanar
actionnaire (m)	शेयर होलडर (m)	sheyar holadar
millionnaire (m)	लखपति (m)	lakhapati
milliardaire (m)	करोड़पति (m)	karorapati
propriétaire (m)	मालिक (m)	mālik
propriétaire (m) foncier	ज़मीनदार (m)	zamīnadār
client (m)	ग्राहक (m)	grāhak
client (m) régulier	खरीदार (m)	kharīdār
acheteur (m)	ग्राहक (m)	grāhak
visiteur (m)	आगंतुक (m)	āgantuk
professionnel (m)	पेशेवर (m)	peshevar
expert (m)	विशेषज्ञ (m)	visheshagy
spécialiste (m)	विशेषज्ञ (m)	visheshagy
banquier (m)	बैंकर (m)	bainkar
courtier (m)	ब्रोकर (m)	brokar
caissier (m)	कैशियर (m)	kaishiyar
comptable (m)	लेखापाल (m)	lekhāpāl
agent (m) de sécurité	पहरेदार (m)	paharedār
investisseur (m)	निवेशक (m)	niveshak
débiteur (m)	क़र्ज़दार (m)	qarzadār
créancier (m)	लेनदार (m)	lenadār
emprunteur (m)	क़र्ज़दार (m)	karzadār
importateur (m)	आयातकर्ता (m)	āyātakartta
exportateur (m)	निर्यातकर्ता (m)	niryātakartta
producteur (m)	उत्पादक (m)	utpādak
distributeur (m)	वितरक (m)	vitarak
intermédiaire (m)	बिचौलिया (m)	bichauliya
conseiller (m)	सलाहकार (m)	salāhakār
représentant (m)	बिक्री प्रतिनिधि (m)	bikrī pratinidhi
agent (m)	एजेंट (m)	ejent
agent (m) d'assurances	बीमा एजन्ट (m)	bīma ejant

87. Les métiers des services

cuisinier (m)	बावरची (m)	bāvarachī
cuisinier (m) en chef	मुख्य बावरची (m)	mukhy bāvarachī
boulanger (m)	बेकर (m)	bekar
barman (m)	बारेटेन्डर (m)	bāretendar

serveur (m)	बैरा (m)	baira
serveuse (f)	बैरा (f)	baira
avocat (m)	वकील (m)	vakīl
juriste (m)	वकील (m)	vakīl
notaire (m)	नोटरी (m)	notarī
électricien (m)	बिजलीवाला (m)	bijalīvāla
plombier (m)	प्लम्बर (m)	plambar
charpentier (m)	बढ़ई (m)	barhī
masseur (m)	मालिशिया (m)	mālishiya
masseuse (f)	मालिशिया (m)	mālishiya
médecin (m)	चिकित्सक (m)	chikitsak
chauffeur (m) de taxi	टैक्सीवाला (m)	taiksīvāla
chauffeur (m)	ड्राइवर (m)	draivar
livreur (m)	कूरियर (m)	kūriyar
femme (f) de chambre	चैम्बरमेड (f)	chaimbaramed
agent (m) de sécurité	पहरेदार (m)	paharedār
hôtesse (f) de l'air	एयर होस्टेस (f)	eyar hostes
professeur (m)	शिक्षक (m)	shikshak
bibliothécaire (m)	पुस्तकाध्यक्ष (m)	pustakādhyaksh
traducteur (m)	अनुवादक (m)	anuvādak
interprète (m)	दुभाषिया (m)	dubhāshiya
guide (m)	गाइड (m)	gaid
coiffeur (m)	नाई (m)	naī
facteur (m)	डाकिया (m)	dākiya
vendeur (m)	विक्रेता (m)	vikreta
jardinier (m)	माली (m)	mālī
serviteur (m)	नौकर (m)	naukar
servante (f)	नौकरानी (f)	naukarānī
femme (f) de ménage	सफ़ाईवाली (f)	safaīvālī

88. Les professions militaires et leurs grades

soldat (m) (grade)	सैनिक (m)	sainik
sergent (m)	सार्जेंट (m)	sārjent
lieutenant (m)	लेफ्टिनेंट (m)	leftinent
capitaine (m)	कैप्टन (m)	kaiptan
commandant (m)	मेजर (m)	mejar
colonel (m)	कर्नेल (m)	karnal
général (m)	जनरल (m)	janaral
maréchal (m)	मार्शल (m)	mārshal
amiral (m)	एडमिरल (m)	edamiral
militaire (m)	सैनिक (m)	sainik
soldat (m)	सिपाही (m)	sipāhī
officier (m)	अफ़सर (m)	afsar

commandant (m)	कमांडर (m)	kamāndar
garde-frontière (m)	सीमा रक्षक (m)	sīma rakshak
opérateur (m) radio	रेडियो ऑपरेटर (m)	rediyo oparetar
éclaireur (m)	गुप्तचर (m)	guptachar
démineur (m)	युद्ध इंजीनियर (m)	yuddh injīniyar
tireur (m)	तीरंदाज़ (m)	tīrandāz
navigateur (m)	नैवीगेटर (m)	naivīgetar

89. Les fonctionnaires. Les prêtres

roi (m)	बादशाह (m)	bādashāh
reine (f)	महारानी (f)	mahārānī
prince (m)	राजकुमार (m)	rājakumār
princesse (f)	राजकुमारी (f)	rājakumārī
tsar (m)	राजा (m)	rāja
tsarine (f)	रानी (f)	rānī
président (m)	राष्ट्रपति (m)	rāshtrapati
ministre (m)	मंत्री (m)	mantrī
premier ministre (m)	प्रधान मंत्री (m)	pradhān mantrī
sénateur (m)	सांसद (m)	sānsad
diplomate (m)	राजनयिक (m)	rājanayik
consul (m)	राजनयिक (m)	rājanayik
ambassadeur (m)	राजदूत (m)	rājadūt
conseiller (m)	राजनयिक परामर्शदाता (m)	rājanayik parāmarshadāta
fonctionnaire (m)	अधिकारी (m)	adhikārī
préfet (m)	अधिकारी (m)	adhikārī
maire (m)	मेयर (m)	meyar
juge (m)	न्यायाधीश (m)	nyāyādhīsh
procureur (m)	अभियोक्ता (m)	abhiyokta
missionnaire (m)	पादरी (m)	pādarī
moine (m)	मठवासी (m)	mathavāsī
abbé (m)	मठाधीश (m)	mathādhīsh
rabbin (m)	रब्बी (m)	rabbī
vizir (m)	वज़ीर (m)	vazīr
shah (m)	शाह (m)	shāh
cheik (m)	शेख़ (m)	shekh

90. Les professions agricoles

apiculteur (m)	मधुमक्खी-पालक (m)	madhumakkhī-pālak
berger (m)	चरवाहा (m)	charavāha
agronome (m)	कृषिविज्ञानी (m)	krshivigyānī
éleveur (m)	पशुपालक (m)	pashupālak
vétérinaire (m)	पशुचिकित्सक (m)	pashuchikitsak

fermier (m)	किसान (m)	kisān
vinificateur (m)	मदिराकारी (m)	madirākārī
zoologiste (m)	जीव विज्ञानी (m)	jīv vigyānī
cow-boy (m)	चरवाहा (m)	charavāha

91. Les professions artistiques

acteur (m)	अभिनेता (m)	abhineta
actrice (f)	अभिनेत्री (f)	abhinetrī
chanteur (m)	गायक (m)	gāyak
cantatrice (f)	गायिका (f)	gāyika
danseur (m)	नर्तक (m)	nartak
danseuse (f)	नर्तकी (f)	nartakī
artiste (m)	अदाकार (m)	adākār
artiste (f)	अदाकारा (f)	adākāra
musicien (m)	साज़िन्दा (m)	sāzinda
pianiste (m)	पियानो वादक (m)	piyāno vādak
guitariste (m)	गिटार वादक (m)	gitār vādak
chef (m) d'orchestre	बैंड कंडक्टर (m)	baind kandaktar
compositeur (m)	संगीतकार (m)	sangītakār
imprésario (m)	इम्प्रेसारियो (m)	impresāriyo
metteur (m) en scène	निर्देशक (m)	nirdeshak
producteur (m)	प्रोड्यूसर (m)	prodyūsar
scénariste (m)	लेखक (m)	lekhak
critique (m)	आलोचक (m)	ālochak
écrivain (m)	लेखक (m)	lekhak
poète (m)	कवि (m)	kavi
sculpteur (m)	मूर्तिकार (m)	mūrtikār
peintre (m)	चित्रकार (m)	chitrakār
jongleur (m)	बाज़ीगर (m)	bāzīgar
clown (m)	जोकर (m)	jokar
acrobate (m)	कलाबाज़ (m)	kalābāz
magicien (m)	जादूगर (m)	jādūgar

92. Les différents métiers

médecin (m)	चिकित्सक (m)	chikitsak
infirmière (f)	नर्स (m)	nars
psychiatre (m)	मनोचिकित्सक (m)	manochikitsak
stomatologue (m)	दंतचिकित्सक (m)	dantachikitsak
chirurgien (m)	शल्य-चिकित्सक (m)	shaly-chikitsak
astronaute (m)	अंतरिक्षयात्री (m)	antarikshayātrī
astronome (m)	खगोल-विज्ञानी (m)	khagol-vigyānī

pilote (m)	पाइलट (m)	pailat
chauffeur (m)	ड्राइवर (m)	draivar
conducteur (m) de train	इंजन ड्राइवर (m)	injan draivar
mécanicien (m)	मैकेनिक (m)	maikenik
mineur (m)	खनिक (m)	khanik
ouvrier (m)	मज़दूर (m)	mazadūr
serrurier (m)	ताला बनानेवाला (m)	tāla banānevāla
menuisier (m)	बढ़ई (m)	barhī
tourneur (m)	खरादी (m)	kharādī
ouvrier (m) du bâtiment	मज़दूर (m)	mazūdar
soudeur (m)	वेल्डर (m)	veldar
professeur (m) (titre)	प्रोफ़ेसर (m)	profesar
architecte (m)	वास्तुकार (m)	vāstukār
historien (m)	इतिहासकार (m)	itihāsakār
savant (m)	वैज्ञानिक (m)	vaigyānik
physicien (m)	भौतिक विज्ञानी (m)	bhautik vigyānī
chimiste (m)	रसायनविज्ञानी (m)	rasāyanavigyānī
archéologue (m)	पुरातत्वविद (m)	purātatvavid
géologue (m)	भूविज्ञानी (m)	bhūvigyānī
chercheur (m)	शोधकर्ता (m)	shodhakarta
baby-sitter (m, f)	दाई (f)	daī
pédagogue (m, f)	शिक्षक (m)	shikshak
rédacteur (m)	संपादक (m)	sampādak
rédacteur (m) en chef	मुख्य संपादक (m)	mūkhy sampādak
correspondant (m)	पत्रकार (m)	patrakār
dactylographe (f)	टाइपिस्ट (f)	taipist
designer (m)	डिज़ाइनर (m)	dizainar
informaticien (m)	कंप्यूटर विशेषज्ञ (m)	kampyūtar visheshagy
programmeur (m)	प्रोग्रामर (m)	progrāmar
ingénieur (m)	इंजीनियर (m)	injīniyar
marin (m)	मल्लाह (m)	mallāh
matelot (m)	मल्लाह (m)	mallāh
secouriste (m)	बचानेवाला (m)	bachānevāla
pompier (m)	दमकल कर्मचारी (m)	damakal karmachārī
policier (m)	पुलिसवाला (m)	pulisavāla
veilleur (m) de nuit	पहरेदार (m)	paharedār
détective (m)	जासूस (m)	jāsūs
douanier (m)	सीमाशुल्क अधिकारी (m)	sīmāshulk adhikārī
garde (m) du corps	अंगरक्षक (m)	angarakshak
gardien (m) de prison	जेल का पहरेदार (m)	jel ka paharedār
inspecteur (m)	अधीक्षक (m)	adhīkshak
sportif (m)	खिलाड़ी (m)	khilārī
entraîneur (m)	प्रशिक्षक (m)	prashikshak
boucher (m)	कसाई (m)	kasaī
cordonnier (m)	मोची (m)	mochī
commerçant (m)	व्यापारी (m)	vyāpārī

chargeur (m)	कुली (m)	kulī
couturier (m)	फैशन डिज़ाइनर (m)	faishan dizainar
modèle (f)	मॉडल (m)	modal

93. Les occupations. Le statut social

écolier (m)	छात्र (m)	chhātr
étudiant (m)	विद्यार्थी (m)	vidyārthī
philosophe (m)	दर्शनशास्त्री (m)	darshanashāstrī
économiste (m)	अर्थशास्त्री (m)	arthashāstrī
inventeur (m)	आविष्कारक (m)	āvishkārak
chômeur (m)	बेरोज़गार (m)	berozagār
retraité (m)	सेवा-निवृत्त (m)	seva-nivrtt
espion (m)	गुप्तचर (m)	guptachar
prisonnier (m)	क़ैदी (m)	qaidī
gréviste (m)	हड़तालकारी (m)	haratālakārī
bureaucrate (m)	अफ़सरशाह (m)	afasarashāh
voyageur (m)	यात्री (m)	yātrī
homosexuel (m)	समलैंगिक (m)	samalaingik
hacker (m)	हैकर (m)	haikar
bandit (m)	डाकू (m)	dākū
tueur (m) à gages	हत्यारा (m)	hatyāra
drogué (m)	नशेबाज़ (m)	nashebāz
trafiquant (m) de drogue	नशीली दवाओं का विक्रेता (m)	nashīlī davaon ka vikreta
prostituée (f)	वैश्या (f)	vaishya
souteneur (m)	दलाल (m)	dalāl
sorcier (m)	जादूगर (m)	jādūgar
sorcière (f)	डायन (f)	dāyan
pirate (m)	समुद्री लुटेरा (m)	samudrī lūtera
esclave (m)	दास (m)	dās
samouraï (m)	सामुराई (m)	sāmuraī
sauvage (m)	जंगली (m)	jangalī

L'êducation

94. L'êducation

école (f)	पाठशाला (m)	pāthashāla
directeur (m) d'école	प्रिंसिपल (m)	prinsipal
élève (m)	छात्र (m)	chhātr
élève (f)	छात्रा (f)	chhātra
écolier (m)	छात्र (m)	chhātr
écolière (f)	छात्रा (f)	chhātra
enseigner (vt)	पढ़ाना	parhāna
apprendre (~ l'arabe)	पढ़ना	parhana
apprendre par cœur	याद करना	yād karana
apprendre (à faire qch)	सीखना	sīkhana
être étudiant, -e	स्कूल में पढ़ना	skūl men parhana
aller à l'école	स्कूल जाना	skūl jāna
alphabet (m)	वर्णमाला (f)	varnamāla
matière (f)	विषय (m)	vishay
salle (f) de classe	कक्षा (f)	kaksha
leçon (f)	पाठ (m)	pāth
récréation (f)	अंतराल (m)	antarāl
sonnerie (f)	स्कूल की घंटी (f)	skūl kī ghantī
pupitre (m)	बेंच (f)	bench
tableau (m) noir	चॉकबोर्ड (m)	chokabord
note (f)	अंक (m)	ank
bonne note (f)	अच्छे अंक (m)	achchhe ank
mauvaise note (f)	कम अंक (m)	kam ank
donner une note	मार्क्स देना	mārks dena
faute (f)	ग़लती (f)	galatī
faire des fautes	ग़लती करना	galatī karana
corriger (une erreur)	ठीक करना	thīk karana
antisèche (f)	कुंजी (f)	kunjī
devoir (m)	गृहकार्य (m)	grhakāry
exercice (m)	अभ्यास (m)	abhyās
être présent	उपस्थित होना	upasthit hona
être absent	अनुपस्थित होना	anupasthit hona
punir (vt)	सज़ा देना	saza dena
punition (f)	सज़ा (f)	saza
conduite (f)	बरताव (m)	baratāv

carnet (m) de notes	रिपोर्ट कार्ड (f)	riport kārd
crayon (m)	पेंसिल (f)	pensil
gomme (f)	रबड़ (f)	rabar
craie (f)	चॉक (m)	chok
plumier (m)	पेंसिल का डिब्बा (m)	pensil ka dibba

cartable (m)	बस्ता (m)	basta
stylo (m)	कलम (m)	kalam
cahier (m)	कॉपी (f)	kopī
manuel (m)	पाठ्यपुस्तक (f)	pāthyapustak
compas (m)	कंपास (m)	kampās

dessiner (~ un plan)	तकनीकी चित्रकारी बनाना	takanīkī chitrakārī banāna
dessin (m) technique	तकनीकी चित्रकारी (f)	takanīkī chitrakārī

poésie (f)	कविता (f)	kavita
par cœur (adv)	रटकर	ratakar
apprendre par cœur	याद करना	yād karana

vacances (f pl)	छुट्टियाँ (f pl)	chhuttiyān
être en vacances	छुट्टी पर होना	chhuttī par hona

interrogation (f) écrite	परीक्षा (f)	parīksha
composition (f)	रचना (f)	rachana
dictée (f)	श्रुतलेख (m)	shrutalekh

examen (m)	परीक्षा (f)	parīksha
passer les examens	परीक्षा देना	parīksha dena
expérience (f) (~ de chimie)	परीक्षण (m)	parīkshan

95. L'enseignement supérieur

académie (f)	अकादमी (f)	akādamī
université (f)	विश्वविद्यालय (m)	vishvavidyālay
faculté (f)	संकाय (f)	sankāy

étudiant (m)	छात्र (m)	chhātr
étudiante (f)	छात्रा (f)	chhātra
enseignant (m)	अध्यापक (m)	adhyāpak

salle (f)	व्याख्यान कक्ष (m)	vyākhyān kaksh
licencié (m)	स्नातक (m)	snātak

diplôme (m)	डिप्लोमा (m)	diploma
thèse (f)	शोधनिबंध (m)	shodhanibandh

étude (f)	अध्ययन (m)	adhyayan
laboratoire (m)	प्रयोगशाला (f)	prayogashāla

cours (m)	व्याख्यान (f)	vyākhyān
camarade (m) de cours	सहपाठी (m)	sahapāthī

bourse (f)	छात्रवृत्ति (f)	chhātravrtti
grade (m) universitaire	शैक्षणिक डिग्री (f)	shaikshanik digrī

96. Les disciplines scientifiques

mathématiques (f pl)	गणितशास्त्र (m)	ganitashāstr
algèbre (f)	बीजगणित (m)	bījaganit
géométrie (f)	रेखागणित (m)	rekhāganit
astronomie (f)	खगोलवैज्ञान (m)	khagolavaigyān
biologie (f)	जीवविज्ञान (m)	jīvavigyān
géographie (f)	भूगोल (m)	bhūgol
géologie (f)	भूविज्ञान (m)	bhūvigyān
histoire (f)	इतिहास (m)	itihās
médecine (f)	चिकित्सा (m)	chikitsa
pédagogie (f)	शिक्षाविज्ञान (m)	shikshāvigyān
droit (m)	कानून (m)	kānūn
physique (f)	भौतिकविज्ञान (m)	bhautikavigyān
chimie (f)	रसायन (m)	rasāyan
philosophie (f)	दर्शनशास्त्र (m)	darshanashāstr
psychologie (f)	मनोविज्ञान (m)	manovigyān

97. Le systéme d'êcriture et l'orthographe

grammaire (f)	व्याकरण (m)	vyākaran
vocabulaire (m)	शब्दावली (f)	shabdāvalī
phonétique (f)	स्वरविज्ञान (m)	svaravigyān
nom (m)	संज्ञा (f)	sangya
adjectif (m)	विशेषण (m)	visheshan
verbe (m)	क्रिया (m)	kriya
adverbe (m)	क्रिया विशेषण (f)	kriya visheshan
pronom (m)	सर्वनाम (m)	sarvanām
interjection (f)	विस्मयादिबोधक (m)	vismayādibodhak
préposition (f)	पूर्वसर्ग (m)	pūrvasarg
racine (f)	मूल शब्द (m)	mūl shabd
terminaison (f)	अन्त्याक्षर (m)	antyākshar
préfixe (m)	उपसर्ग (m)	upasarg
syllabe (f)	अक्षर (m)	akshar
suffixe (m)	प्रत्यय (m)	pratyay
accent (m) tonique	बल चिह्न (m)	bal chihn
apostrophe (f)	वर्णलोप चिह्न (m)	varnalop chihn
point (m)	पूर्णविराम (m)	pūrnavirām
virgule (f)	उपविराम (m)	upavirām
point (m) virgule	अर्धविराम (m)	ardhavirām
deux-points (m)	कोलन (m)	kolan
points (m pl) de suspension	तीन बिन्दु (m)	tīn bindu
point (m) d'interrogation	प्रश्न चिह्न (m)	prashn chihn
point (m) d'exclamation	विस्मयादिबोधक चिह्न (m)	vismayādibodhak chihn

guillemets (m pl)	उद्धरण चिह्न (m)	uddharan chihn
entre guillemets	उद्धरण चिह्न में	uddharan chihn men
parenthèses (f pl)	कोष्ठक (m pl)	koshthak
entre parenthèses	कोष्ठक में	koshthak men
trait (m) d'union	हाइफन (m)	haifan
tiret (m)	डैश (m)	daish
blanc (m)	रिक्त स्थान (m)	rikt sthān
lettre (f)	अक्षर (m)	akshar
majuscule (f)	बड़ा अक्षर (m)	bara akshar
voyelle (f)	स्वर (m)	svar
consonne (f)	समस्वर (m)	samasvar
proposition (f)	वाक्य (m)	vāky
sujet (m)	कर्ता (m)	kartta
prédicat (m)	विधेय (m)	vidhey
ligne (f)	पंक्ति (f)	pankti
à la ligne	नई पंक्ति पर	naī pankti par
paragraphe (m)	अनुच्छेद (m)	anuchchhed
mot (m)	शब्द (m)	shabd
groupe (m) de mots	शब्दों का समूह (m)	shabdon ka samūh
expression (f)	अभिव्यक्ति (f)	abhivyakti
synonyme (m)	समनार्थक शब्द (m)	samanārthak shabd
antonyme (m)	विपरीतार्थी शब्द (m)	viparītārthī shabd
règle (f)	नियम (m)	niyam
exception (f)	अपवाद (m)	apavād
correct (adj)	ठीक	thīk
conjugaison (f)	क्रियारूप संयोजन (m)	kriyārūp sanyojan
déclinaison (f)	विभक्ति-रूप (m)	vibhakti-rūp
cas (m)	कारक (m)	kārak
question (f)	प्रश्न (m)	prashn
souligner (vt)	रेखांकित करना	rekhānkit karana
pointillé (m)	बिन्दुरेखा (f)	bindurekha

98. Les langues étrangéres

langue (f)	भाषा (f)	bhāsha
langue (f) étrangère	विदेशी भाषा (f)	videshī bhāsha
étudier (vt)	पढ़ना	parhana
apprendre (~ l'arabe)	सीखना	sīkhana
lire (vi, vt)	पढ़ना	parhana
parler (vi, vt)	बोलना	bolana
comprendre (vt)	समझना	samajhana
écrire (vt)	लिखना	likhana
vite (adv)	तेज़	tez
lentement (adv)	धीरे	dhīre

couramment (adv)	धड़ल्ले से	dharalle se
règles (f pl)	नियम (m pl)	niyam
grammaire (f)	व्याकरण (m)	vyākaran
vocabulaire (m)	शब्दावली (f)	shabdāvalī
phonétique (f)	स्वरविज्ञान (m)	svaravigyān
manuel (m)	पाठ्यपुस्तक (f)	pāthyapustak
dictionnaire (m)	शब्दकोश (m)	shabdakosh
manuel (m) autodidacte	स्वयंशिक्षक पुस्तक (m)	svayanshikshak pustak
guide (m) de conversation	वार्तालाप-पुस्तिका (f)	vārttālāp-pustika
cassette (f)	कैसेट (f)	kaiset
cassette (f) vidéo	वीडियो कैसेट (m)	vīdiyo kaiset
CD (m)	सीडी (m)	sīdī
DVD (m)	डीवीडी (m)	dīvīdī
alphabet (m)	वर्णमाला (f)	varnamāla
épeler (vt)	हिज्जे करना	hijje karana
prononciation (f)	उच्चारण (m)	uchchāran
accent (m)	लहज़ा (m)	lahaza
avec un accent	लहज़े के साथ	lahaze ke sāth
sans accent	बिना लहज़े	bina lahaze
mot (m)	शब्द (m)	shabd
sens (m)	मतलब (m)	matalab
cours (m pl)	पाठ्यक्रम (m)	pāthyakram
s'inscrire (vp)	सदस्य बनना	sadasy banana
professeur (m) (~ d'anglais)	शिक्षक (m)	shikshak
traduction (f) (action)	तर्जुमा (m)	tarjuma
traduction (f) (texte)	अनुवाद (m)	anuvād
traducteur (m)	अनुवादक (m)	anuvādak
interprète (m)	दुभाषिया (m)	dubhāshiya
polyglotte (m)	बहुभाषी (m)	bahubhāshī
mémoire (f)	स्मृति (f)	smrti

Les loisirs. Les voyages

99. Les voyages. Les excursions

tourisme (m)	पर्यटन (m)	paryatan
touriste (m)	पर्यटक (m)	paryatak
voyage (m) (à l'étranger)	यात्रा (f)	yātra
aventure (f)	जाँबाज़ी (f)	jānbāzī
voyage (m)	यात्रा (f)	yātra
vacances (f pl)	छुट्टी (f)	chhuttī
être en vacances	छुट्टी पर होना	chhuttī par hona
repos (m) (jours de ~)	आराम (m)	ārām
train (m)	रेलगाड़ी, ट्रेन (f)	relagārī, tren
en train	रैलगाड़ी से	railagārī se
avion (m)	विमान (m)	vimān
en avion	विमान से	vimān se
en voiture	कार से	kār se
en bateau	जहाज़ पर	jahāz par
bagage (m)	सामान (m)	sāmān
malle (f)	सूटकेस (m)	sūtakes
chariot (m)	सामान के लिये गाड़ी (f)	sāmān ke liye gārī
passeport (m)	पासपोर्ट (m)	pāsaport
visa (m)	वीज़ा (m)	vīza
ticket (m)	टिकट (m)	tikat
billet (m) d'avion	हवाई टिकट (m)	havaī tikat
guide (m) (livre)	गाइडबुक (f)	gaidabuk
carte (f)	नक्शा (m)	naksha
région (f) (~ rurale)	क्षेत्र (m)	kshetr
endroit (m)	स्थान (m)	sthān
exotisme (m)	विचित्र वस्तुएं	vichitr vastuen
exotique (adj)	विचित्र	vichitr
étonnant (adj)	अजीब	ajīb
groupe (m)	समूह (m)	samūh
excursion (f)	पर्यटन (f)	paryatan
guide (m) (personne)	गाइड (m)	gaid

100. L'hôtel

hôtel (m)	होटल (f)	hotal
motel (m)	मोटल (m)	motal
3 étoiles	तीन सितारा	tīn sitāra

5 étoiles	पाँच सितारा	pānch sitāra
descendre (à l'hôtel)	ठहरना	thaharana
chambre (f)	कमरा (m)	kamara
chambre (f) simple	एक पलंग का कमरा (m)	ek palang ka kamara
chambre (f) double	दो पलंगों का कमरा (m)	do palangon ka kamara
réserver une chambre	कमरा बुक करना	kamara buk karana
demi-pension (f)	हाफ़-बोर्ड (m)	hāf-bord
pension (f) complète	फ़ुल-बोर्ड (m)	ful-bord
avec une salle de bain	स्नानघर के साथ	snānaghar ke sāth
avec une douche	शॉवर के साथ	shovar ke sāth
télévision (f) par satellite	सैटेलाइट टेलीविज़न (m)	saitelait telīvizan
climatiseur (m)	एयर-कंडिशनर (m)	eyar-kandishanar
serviette (f)	तौलिया (f)	tauliya
clé (f)	चाबी (f)	chābī
administrateur (m)	मैनेजर (m)	mainejar
femme (f) de chambre	चैम्बरमैड (f)	chaimabaramaid
porteur (m)	कुली (m)	kulī
portier (m)	दरबान (m)	darabān
restaurant (m)	रेस्टरॉं (m)	restarān
bar (m)	बार (m)	bār
petit déjeuner (m)	नाश्ता (m)	nāshta
dîner (m)	रात्रिभोज (m)	rātribhoj
buffet (m)	बुफ़े (m)	bufe
hall (m)	लॉबी (f)	lobī
ascenseur (m)	लिफ़्ट (m)	lift
PRIÈRE DE NE PAS DÉRANGER	परेशान न करें	pareshān na karen
DÉFENSE DE FUMER	धूम्रपान निषेध!	dhumrapān nishedh!

LE MATÉRIEL TECHNIQUE. LES TRANSPORTS

Le matériel technique

101. L'informatique

ordinateur (m)	कंप्यूटर (m)	kampyūtar
PC (m) portable	लैपटॉप (m)	laipatop
allumer (vt)	चलाना	chalāna
éteindre (vt)	बंद करना	band karana
clavier (m)	कीबोर्ड (m)	kībord
touche (f)	कुंजी (m)	kunjī
souris (f)	माउस (m)	maus
tapis (m) de souris	माउस पैड (m)	maus paid
bouton (m)	बटन (m)	batan
curseur (m)	कर्सर (m)	karsar
moniteur (m)	मॉनिटर (m)	monitar
écran (m)	स्क्रीन (m)	skrīn
disque (m) dur	हार्ड डिस्क (m)	hārd disk
capacité (f) du disque dur	हार्ड डिस्क क्षमता (f)	hārd disk kshamata
mémoire (f)	मेमोरी (f)	memorī
mémoire (f) vive	रैंडम ऐक्सेस मेमोरी (f)	raindam aikses memorī
fichier (m)	फ़ाइल (f)	fail
dossier (m)	फ़ोल्डर (m)	foldar
ouvrir (vt)	खोलना	kholana
fermer (vt)	बंद करना	band karana
sauvegarder (vt)	सहेजना	sahejana
supprimer (vt)	हटाना	hatāna
copier (vt)	कॉपी करना	kopī karana
trier (vt)	व्यवस्थित करना	vyavasthit karana
copier (vt)	स्थानांतरित करना	sthānāntarit karana
programme (m)	प्रोग्राम (m)	progrām
logiciel (m)	सोफ़्टवेयर (m)	softaveyar
programmeur (m)	प्रोग्रामर (m)	progrāmar
programmer (vt)	प्रोग्रम करना	program karana
hacker (m)	हैकर (m)	haikar
mot (m) de passe	पासवर्ड (m)	pāsavard
virus (m)	वाइरस (m)	vairas
découvrir (détecter)	तलाश करना	talāsh karana
bit (m)	बाइट (m)	bait

mégabit (m)	मेगाबाइट (m)	megābait
données (f pl)	डाटा (m pl)	dāta
base (f) de données	डाटाबेस (m)	dātābes
câble (m)	तार (m)	tār
déconnecter (vt)	अलग करना	alag karana
connecter (vt)	जोड़ना	jorana

102. L'Internet. Le courrier électronique

Internet (m)	इन्टरनेट (m)	intaranet
navigateur (m)	ब्राउज़र (m)	brauzar
moteur (m) de recherche	सर्च इंजन (f)	sarch injan
fournisseur (m) d'accès	प्रोवाइडर (m)	provaidar
administrateur (m) de site	वेब मास्टर (m)	veb māstar
site (m) web	वेब साइट (m)	veb sait
page (f) web	वेब पृष्ठ (m)	veb prshth
adresse (f)	पता (m)	pata
carnet (m) d'adresses	संपर्क पुस्तक (f)	sampark pustak
boîte (f) de réception	मेलबॉक्स (m)	melaboks
courrier (m)	डाक (m)	dāk
message (m)	संदेश (m)	sandesh
expéditeur (m)	प्रेषक (m)	preshak
envoyer (vt)	भेजना	bhejana
envoi (m)	भेजना (m)	bhejana
destinataire (m)	प्रासकर्ता (m)	prāptakarta
recevoir (vt)	प्रास करना	prāpt karana
correspondance (f)	पत्राचार (m)	patrāchār
être en correspondance	पत्राचार करना	patrāchār karana
fichier (m)	फ़ाइल (f)	fail
télécharger (vt)	डाउनलोड करना	daunalod karana
créer (vt)	बनाना	banāna
supprimer (vt)	हटाना	hatāna
supprimé (adj)	हटा दिया गया	hata diya gaya
connexion (f) (ADSL, etc.)	कनेक्शन (m)	kanekshan
vitesse (f)	रफ़्तार (f)	rafatār
modem (m)	मोडेम (m)	modem
accès (m)	पहुंच (m)	pahunch
port (m)	पोर्ट (m)	port
connexion (f) (établir la ~)	कनेक्शन (m)	kanekshan
se connecter à …	जुड़ना	jurana
sélectionner (vt)	चुनना	chunana
rechercher (vt)	खोजना	khojana

103. L'électricité

électricité (f)	बिजली (f)	bijalī
électrique (adj)	बिजली का	bijalī ka
centrale (f) électrique	बिजलीघर (m)	bijalīghar
énergie (f)	ऊर्जा (f)	ūrja
énergie (f) électrique	विद्युत शक्ति (f)	vidyut shakti
ampoule (f)	बल्ब (m)	balb
torche (f)	फ्लैशलाइट (f)	flaishalait
réverbère (m)	सड़क की बत्ती (f)	sarak kī battī
lumière (f)	बिजली (f)	bijalī
allumer (vt)	चलाना	chalāna
éteindre (vt)	बंद करना	band karana
éteindre la lumière	बिजली बंद करना	bijalī band karana
être grillé	फ्यूज़ होना	fyūz hona
court-circuit (m)	शार्ट सर्किट (m)	shārt sarkit
rupture (f)	टूटा तार (m)	tūta tār
contact (m)	सॉकेट (m)	soket
interrupteur (m)	स्विच (m)	svich
prise (f)	सॉकेट (m)	soket
fiche (f)	प्लग (m)	plag
rallonge (f)	एक्सटेंशन कोर्ड (m)	ekstenshan kord
fusible (m)	फ्यूज़ (m)	fyūz
fil (m)	तार (m)	tār
installation (f) électrique	तार (m)	tār
ampère (m)	ऐम्पेयर (m)	aimpeyar
intensité (f) du courant	विद्युत शक्ति (f)	vidyut shakti
volt (m)	वोल्ट (m)	volt
tension (f)	वोल्टेज (f)	voltej
appareil (m) électrique	विद्युत यंत्र (m)	vidyut yantr
indicateur (m)	सूचक (m)	sūchak
électricien (m)	विद्युत कारीगर (m)	vidyut kārīgar
souder (vt)	धातु जोड़ना	dhātu jorana
fer (m) à souder	सोल्डरिंग आयरन (m)	soldaring āyaran
courant (m)	विद्युत प्रवाह (f)	vidyut pravāh

104. Les outils

outil (m)	औज़ार (m)	auzār
outils (m pl)	औज़ार (m pl)	auzār
équipement (m)	मशीन (f)	mashīn
marteau (m)	हथौड़ी (f)	hathaurī
tournevis (m)	पेंचकस (m)	penchakas
hache (f)	कुल्हाड़ी (f)	kulhārī

scie (f)	आरी (f)	ārī
scier (vt)	आरी से काटना	ārī se kātana
rabot (m)	रंदा (m)	randa
raboter (vt)	छीलना	chhīlana
fer (m) à souder	सोल्डरिंग आयरन (m)	soldaring āyaran
souder (vt)	धातु जोड़ना	dhātu jorana
lime (f)	रेती (f)	retī
tenailles (f pl)	संडसी (f pl)	sandasī
pince (f) plate	प्लायर (m)	plāyar
ciseau (m)	छेनी (f)	chhenī
foret (m)	ड्रिल बिट (m)	dril bit
perceuse (f)	विद्युतीय बरमा (m)	vidyutīy barama
percer (vt)	ड्रिल करना	dril karana
couteau (m)	छुरी (f)	chhurī
canif (m)	खुलने-बंद होने वाली छुरी (f)	khulane-band hone vālī chhurī
pliant (adj)	खुलने-बंद होने वाली छुरी	khulane-band hone vālī chhurī
lame (f)	धार (f)	dhār
bien affilé (adj)	कटीला	katīla
émoussé (adj)	कुंद	kund
s'émousser (vp)	कुंद करना	kund karana
affiler (vt)	धारदार बनाना	dhāradār banāna
boulon (m)	बोल्ट (m)	bolt
écrou (m)	नट (m)	nat
filetage (m)	चूड़ी (f)	chūrī
vis (f) à bois	पेंच (m)	pench
clou (m)	कील (f)	kīl
tête (f) de clou	कील का सिरा (m)	kīl ka sira
règle (f)	स्केल (m)	skel
mètre (m) à ruban	इंची टेप (m)	inchī tep
niveau (m) à bulle	स्पिरिट लेवल (m)	spirit leval
loupe (f)	आवर्धक लेंस (m)	āvardhak lens
appareil (m) de mesure	मापक यंत्र (m)	māpak yantr
mesurer (vt)	मापना	māpana
échelle (f) (~ métrique)	स्केल (f)	skel
relevé (m)	पाठ्यांक (m pl)	pāthyānk
compresseur (m)	कंप्रेसर (m)	kampresar
microscope (m)	माइक्रोस्कोप (m)	maikroskop
pompe (f)	पंप (m)	pamp
robot (m)	रोबोट (m)	robot
laser (m)	लेज़र (m)	lezar
clé (f) de serrage	रिंच (m)	rinch
ruban (m) adhésif	फ़ीता (m)	fīta
colle (f)	लेई (f)	leī

papier (m) d'émeri	रेगमाल (m)	regamāl
ressort (m)	कमानी (f)	kamānī
aimant (m)	मैग्नेट (m)	maignet
gants (m pl)	दस्ताने (m pl)	dastāne
corde (f)	रस्सी (f)	rassī
cordon (m)	डोरी (f)	dorī
fil (m) (~ électrique)	तार (m)	tār
câble (m)	केबल (m)	kebal
masse (f)	हथौड़ा (m)	hathaura
pic (m)	रंभा (m)	rambha
escabeau (m)	सीढ़ी (f)	sīrhī
échelle (f) double	सीढ़ी (f)	sīrhī
visser (vt)	कसना	kasana
dévisser (vt)	घुमाकर खोलना	ghumākar kholana
serrer (vt)	कसना	kasana
coller (vt)	चिपकाना	chipakāna
couper (vt)	काटना	kātana
défaut (m)	ख़राबी (f)	kharābī
réparation (f)	मरम्मत (f)	marammat
réparer (vt)	मरम्मत करना	marammat karana
régler (vt)	ठीक करना	thīk karana
vérifier (vt)	जांचना	jānchana
vérification (f)	जांच (f)	jānch
relevé (m)	पाठ्यांक (m)	pāthyānk
fiable (machine ~)	मज़बूत	mazabūt
complexe (adj)	जटिल	jatil
rouiller (vi)	ज़ंग लगना	zang lagana
rouillé (adj)	ज़ंग लगा हुआ	zang laga hua
rouille (f)	ज़ंग (m)	zang

Les transports

105. L'avion

avion (m)	विमान (m)	vimān
billet (m) d'avion	हवाई टिकट (m)	havaī tikat
compagnie (f) aérienne	हवाई कम्पनी (f)	havaī kampanī
aéroport (m)	हवाई अड्डा (m)	havaī adda
supersonique (adj)	पराध्वनिक	parādhvanik
commandant (m) de bord	कप्तान (m)	kaptān
équipage (m)	वैमानिक दल (m)	vaimānik dal
pilote (m)	विमान चालक (m)	vimān chālak
hôtesse (f) de l'air	एयर होस्टस (f)	eyar hostas
navigateur (m)	नैवीगेटर (m)	naivīgetar
ailes (f pl)	पंख (m pl)	pankh
queue (f)	पूँछ (f)	pūnchh
cabine (f)	कॉकपिट (m)	kokapit
moteur (m)	इंजन (m)	injan
train (m) d'atterrissage	हवाई जहाज़ पहिये (m)	havaī jahāz pahiye
turbine (f)	टरबाइन (f)	tarabain
hélice (f)	प्रोपेलर (m)	propelar
boîte (f) noire	ब्लैक बॉक्स (m)	blaik boks
gouvernail (m)	कंट्रोल कॉलम (m)	kantrol kolam
carburant (m)	ईंधन (m)	īndhan
consigne (f) de sécurité	सुरक्षा-पत्र (m)	suraksha-patr
masque (m) à oxygène	ऑक्सीजन मास्क (m)	oksījan māsk
uniforme (m)	वर्दी (f)	vardī
gilet (m) de sauvetage	बचाव पेटी (f)	bachāv petī
parachute (m)	पैराशूट (m)	pairāshūt
décollage (m)	उड़ान (m)	urān
décoller (vi)	उड़ना	urana
piste (f) de décollage	उड़ान पट्टी (f)	urān pattī
visibilité (f)	दृश्यता (f)	drshyata
vol (m) (~ d'oiseau)	उड़ान (m)	urān
altitude (f)	ऊंचाई (f)	ūnchaī
trou (m) d'air	वायु-पॉकेट (m)	vāyu-poket
place (f)	सीट (f)	sīt
écouteurs (m pl)	हेडफ़ोन (m)	hedafon
tablette (f)	ट्रे टेबल (f)	tre tebal
hublot (m)	हवाई जहाज़ की खिड़की (f)	havaī jahāz kī khirakī
couloir (m)	गलियारा (m)	galiyāra

106. Le train

train (m)	रेलगाड़ी, ट्रेन (f)	relagārī, tren
train (m) de banlieue	लोकल ट्रेन (f)	lokal tren
TGV (m)	तेज़ रेलगाड़ी (f)	tez relagārī
locomotive (f) diesel	डीज़ल रेलगाड़ी (f)	dīzal relagārī
locomotive (f) à vapeur	स्टीम इंजन (f)	stīm injan
wagon (m)	कोच (f)	koch
wagon-restaurant (m)	डाइनर (f)	dainar
rails (m pl)	पटरियाँ (f)	patariyān
chemin (m) de fer	रेलवे (f)	relave
traverse (f)	पटरियाँ (f)	patariyān
quai (m)	प्लेटफॉर्म (m)	pletaform
voie (f)	प्लेटफॉर्म (m)	pletaform
sémaphore (m)	सिग्नल (m)	signal
station (f)	स्टेशन (m)	steshan
conducteur (m) de train	इंजन ड्राइवर (m)	injan draivar
porteur (m)	कुली (m)	kulī
steward (m)	कोच एटेंडेंट (m)	koch etendent
passager (m)	मुसाफ़िर (m)	musāfir
contrôleur (m) de billets	टीटी (m)	tītī
couloir (m)	गलियारा (m)	galiyāra
frein (m) d'urgence	आपात ब्रेक (m)	āpāt brek
compartiment (m)	डिब्बा (m)	dibba
couchette (f)	बर्थ (f)	barth
couchette (f) d'en haut	ऊपरी बर्थ (f)	ūparī barth
couchette (f) d'en bas	नीचली बर्थ (f)	nīchalī barth
linge (m) de lit	बिस्तर (m)	bistar
ticket (m)	टिकट (m)	tikat
horaire (m)	टाइम टेबुल (m)	taim taibul
tableau (m) d'informations	सूचना बोर्ड (m)	sūchana bord
partir (vi)	चले जाना	chale jāna
départ (m) (du train)	रवानगी (f)	ravānagī
arriver (le train)	पहुंचना	pahunchana
arrivée (f)	आगमन (m)	āgaman
arriver en train	गाड़ी से पहुंचना	gārī se pahunchana
prendre le train	गाड़ी पकड़ना	gādī pakarana
descendre du train	गाड़ी से उतरना	gārī se utarana
accident (m) ferroviaire	दुर्घटनाग्रस्त (f)	durghatanāgrast
locomotive (f) à vapeur	स्टीम इंजन (m)	stīm injan
chauffeur (m)	अग्निशामक (m)	agnishāmak
chauffe (f)	भट्ठी (f)	bhatthī
charbon (m)	कोयला (m)	koyala

107. Le bateau

bateau (m)	जहाज़ (m)	jahāz
navire (m)	जहाज़ (m)	jahāz
bateau (m) à vapeur	जहाज़ (m)	jahāz
paquebot (m)	मोटर बोट (m)	motar bot
bateau (m) de croisière	लाइनर (m)	lainar
croiseur (m)	क्रूज़र (m)	krūzar
yacht (m)	याख्ट (m)	yākht
remorqueur (m)	कर्षक पोत (m)	karshak pot
péniche (f)	बार्ज (f)	bārj
ferry (m)	फेरी बोट (f)	ferī bot
voilier (m)	पाल नाव (f)	pāl nāv
brigantin (m)	बादबानी (f)	bādabānī
brise-glace (m)	हिमभंजक पोत (m)	himabhanjak pot
sous-marin (m)	पनडुब्बी (f)	panadubbī
canot (m) à rames	नाव (m)	nāv
dinghy (m)	किश्ती (f)	kishtī
canot (m) de sauvetage	जीवन रक्षा किश्ती (f)	jīvan raksha kishtī
canot (m) à moteur	मोटर बोट (m)	motar bot
capitaine (m)	कप्तान (m)	kaptān
matelot (m)	मल्लाह (m)	mallāh
marin (m)	मल्लाह (m)	mallāh
équipage (m)	वैमानिक दल (m)	vaimānik dal
maître (m) d'équipage	बोसुन (m)	bosun
mousse (m)	बोसुन (m)	bosun
cuisinier (m) du bord	रसोइया (m)	rasoiya
médecin (m) de bord	पोत डाक्टर (m)	pot dāktar
pont (m)	डेक (m)	dek
mât (m)	मस्तूल (m)	mastūl
voile (f)	पाल (m)	pāl
cale (f)	कार्गो (m)	kārgo
proue (f)	जहाज़ का अगला हिस्सा (m)	jahāz ka agara hissa
poupe (f)	जहाज़ का पिछला हिस्सा (m)	jahāz ka pichhala hissa
rame (f)	चप्पू (m)	chappū
hélice (f)	जहाज़ की पंखी चलाने का पेंच (m)	jahāz kī pankhī chalāne ka pench
cabine (f)	कैबिन (m)	kaibin
carré (m) des officiers	मेस (f)	mes
salle (f) des machines	मशीन-कमरा (m)	mashīn-kamara
passerelle (f)	ब्रिज (m)	brij
cabine (f) de T.S.F.	रेडियो केबिन (m)	rediyo kebin
onde (f)	रेडियो तरंग (f)	rediyo tarang
journal (m) de bord	जहाज़ी रजिस्टर (m)	jahāzī rajistar
longue-vue (f)	टेलिस्कोप (m)	teliskop

cloche (f)	घंटा (m)	ghanta
pavillon (m)	झंडा (m)	jhanda
grosse corde (f) tressée	रस्सा (m)	rassa
nœud (m) marin	जहाज़ी गांठ (f)	jahāzī gānth
rampe (f)	रेलिंग (f)	reling
passerelle (f)	सीढ़ी (f)	sīrhī
ancre (f)	लंगर (m)	langar
lever l'ancre	लंगर उठाना	langar uthāna
jeter l'ancre	लंगर डालना	langar dālana
chaîne (f) d'ancrage	लंगर की ज़जीर (f)	langar kī zajīr
port (m)	बंदरगाह (m)	bandaragāh
embarcadère (m)	घाट (m)	ghāt
accoster (vi)	किनारे लगना	kināre lagana
larguer les amarres	रवाना होना	ravāna hona
voyage (m) (à l'étranger)	यात्रा (f)	yātra
croisière (f)	जलयात्रा (f)	jalayātra
cap (m) (suivre un ~)	दिशा (f)	disha
itinéraire (m)	मार्ग (m)	mārg
chenal (m)	नाव्य जलपथ (m)	nāvy jalapath
bas-fond (m)	छिछला पानी (m)	chhichhala pānī
échouer sur un bas-fond	छिछले पानी में धंसना	chhichhale pānī men dhansana
tempête (f)	तूफ़ान (m)	tufān
signal (m)	सिग्नल (m)	signal
sombrer (vi)	डूबना	dūbana
SOS (m)	एसओएस	esoes
bouée (f) de sauvetage	लाइफ़ ब्वाय (m)	laif bvāy

108. L'aéroport

aéroport (m)	हवाई अड्डा (m)	havaī adda
avion (m)	विमान (m)	vimān
compagnie (f) aérienne	हवाई कम्पनी (f)	havaī kampanī
contrôleur (m) aérien	हवाई यातायात नियंत्रक (m)	havaī yātāyāt niyantrak
départ (m)	प्रस्थान (m)	prasthān
arrivée (f)	आगमन (m)	āgaman
arriver (par avion)	पहुंचना	pahunchana
temps (m) de départ	उड़ान का समय (m)	urān ka samay
temps (m) d'arrivée	आगमन का समय (m)	āgaman ka samay
être retardé	देर से आना	der se āna
retard (m) de l'avion	उड़ान देरी (f)	urān derī
tableau (m) d'informations	सूचना बोर्ड (m)	sūchana bord
information (f)	सूचना (f)	sūchana

annoncer (vt)	घोषणा करना	ghoshana karana
vol (m)	फ़्लाइट (f)	flait
douane (f)	सीमाशुल्क कार्यालय (m)	sīmāshulk kāryālay
douanier (m)	सीमाशुल्क अधिकारी (m)	sīmāshulk adhikārī
déclaration (f) de douane	सीमाशुल्क घोषणा (f)	sīmāshulk ghoshana
remplir la déclaration	सीमाशुल्क घोषणा भरना	sīmāshulk ghoshana bharana
contrôle (m) de passeport	पासपोर्ट जांच (f)	pāsport jānch
bagage (m)	सामान (m)	sāmān
bagage (m) à main	दस्ती सामान (m)	dastī sāmān
chariot (m)	सामान के लिये गाड़ी (f)	sāmān ke liye gāṛī
atterrissage (m)	विमानारोहण (m)	vimānārohan
piste (f) d'atterrissage	विमानारोहण मार्ग (m)	vimānārohan mārg
atterrir (vi)	उतरना	utarana
escalier (m) d'avion	सीढ़ी (f)	sīrhī
enregistrement (m)	चेक-इन (m)	chek-in
comptoir (m) d'enregistrement	चेक-इन डेस्क (m)	chek-in desk
s'enregistrer (vp)	चेक-इन करना	chek-in karana
carte (f) d'embarquement	बोर्डिंग पास (m)	bording pās
porte (f) d'embarquement	प्रस्थान गेट (m)	prasthān get
transit (m)	पारवहन (m)	pāravahan
attendre (vt)	इंतज़ार करना	intazār karana
salle (f) d'attente	प्रतीक्षालय (m)	pratīkshālay
raccompagner (à l'aéroport, etc.)	विदा करना	vida karana
dire au revoir	विदा कहना	vida kahana

Les grands événements de la vie

109. Les fêtes et les événements

fête (f)	त्योहार (m)	tyohār
fête (f) nationale	राष्ट्रीय त्योहार (m)	rāshtrīy tyohār
jour (m) férié	त्योहार का दिन (m)	tyohār ka din
fêter (vt)	पुण्यस्मरण करना	punyasmaran karana
événement (m) (~ du jour)	घटना (f)	ghatana
événement (m) (soirée, etc.)	आयोजन (m)	āyojan
banquet (m)	राजभोज (m)	rājabhoj
réception (f)	दावत (f)	dāvat
festin (m)	दावत (f)	dāvat
anniversaire (m)	वर्षगांठ (m)	varshagānth
jubilé (m)	वर्षगांठ (m)	varshagānth
célébrer (vt)	मनाना	manāna
Nouvel An (m)	नव वर्ष (m)	nav varsh
Bonne année!	नव वर्ष की शुभकामना!	nav varsh kī shubhakāmana!
Père Noël (m)	सांता क्लॉज़ (m)	sānta kloz
Noël (m)	बड़ा दिन (m)	bara din
Joyeux Noël!	क्रिसमस की शुभकामनाएँ!	krisamas kī shubhakāmanaen!
arbre (m) de Noël	क्रिस्मस ट्री (m)	krismas trī
feux (m pl) d'artifice	अग्नि क्रीड़ा (f)	agni krīra
mariage (m)	शादी (f)	shādī
fiancé (m)	दुल्हा (m)	dulha
fiancée (f)	दुल्हन (f)	dulhan
inviter (vt)	आमंत्रित करना	āmantrit karana
lettre (f) d'invitation	निमंत्रण पत्र (m)	nimantran patr
invité (m)	मेहमान (m)	mehamān
visiter (~ les amis)	मिलने जाना	milane jāna
accueillir les invités	मेहमानों से मिलना	mehamānon se milana
cadeau (m)	उपहार (m)	upahār
offrir (un cadeau)	उपहार देना	upahār dena
recevoir des cadeaux	उपहार मिलना	upahār milana
bouquet (m)	गुलदस्ता (m)	guladasta
félicitations (f pl)	बधाई (f)	badhaī
féliciter (vt)	बधाई देना	badhaī dena
carte (f) de veux	बधाई पोस्टकार्ड (m)	badhaī postakārd
envoyer une carte	पोस्टकार्ड भेजना	postakārd bhejana

recevoir une carte	पोस्टकार्ड पाना	postakārd pāna
toast (m)	टोस्ट (m)	tost
offrir (un verre, etc.)	ऑफ़र करना	ofar karana
champagne (m)	शैम्पेन (f)	shaimpen
s'amuser (vp)	मज़े करना	maze karana
gaieté (f)	आमोद (m)	āmod
joie (f) (émotion)	खुशी (f)	khushī
danse (f)	नाच (m)	nāch
danser (vi, vt)	नाचना	nāchana
valse (f)	वॉल्ट्ज़ (m)	voltz
tango (m)	टैंगो (m)	taingo

110. L'enterrement. Le deuil

cimetière (m)	कब्रिस्तान (m)	kabristān
tombe (f)	कब्र (m)	kabr
croix (f)	क्रॉस (m)	kros
pierre (f) tombale	समाधि शिला (f)	sāmādhi shila
clôture (f)	बाड़ (f)	bār
chapelle (f)	चैपल (m)	chaipal
mort (f)	मृत्यु (f)	mrtyu
mourir (vi)	मरना	marana
défunt (m)	मृतक (m)	mrtak
deuil (m)	शोक (m)	shok
enterrer (vt)	दफ़नाना	dafanāna
maison (f) funéraire	दफ़नालय (m)	dafanālay
enterrement (m)	अंतिम संस्कार (m)	antim sanskār
couronne (f)	फूलमाला (f)	fūlamāla
cercueil (m)	ताबूत (m)	tābūt
corbillard (m)	शव मंच (m)	shav manch
linceul (m)	कफन (m)	kafan
urne (f) funéraire	भस्मी कलश (m)	bhasmī kalash
crématoire (m)	दाहगृह (m)	dāhagrh
nécrologue (m)	निधन सूचना (f)	nidhan sūchana
pleurer (vi)	रोना	rona
sangloter (vi)	रोना	rona

111. La guerre. Les soldats

section (f)	दस्ता (m)	dasta
compagnie (f)	कंपनी (f)	kampanī
régiment (m)	रेजीमेंट (f)	rejīment
armée (f)	सेना (f)	sena
division (f)	डिवीज़न (m)	divīzan

détachement (m)	दल (m)	dal
armée (f) (Moyen Âge)	फौज (m)	fauj
soldat (m) (un militaire)	सिपाही (m)	sipāhī
officier (m)	अफ़सर (m)	afsar
soldat (m) (grade)	सैनिक (m)	sainik
sergent (m)	सार्जेंट (m)	sārjent
lieutenant (m)	लेफ्टिनेंट (m)	leftinent
capitaine (m)	कप्तान (m)	kaptān
commandant (m)	मेजर (m)	mejar
colonel (m)	कर्नल (m)	karnal
général (m)	जनरल (m)	janaral
marin (m)	मल्लाह (m)	mallāh
capitaine (m)	कप्तान (m)	kaptān
maître (m) d'équipage	बोसुन (m)	bosun
artilleur (m)	तोपची (m)	topachī
parachutiste (m)	पैराट्रूपर (m)	pairātrūpar
pilote (m)	पाइलट (m)	pailat
navigateur (m)	नैवीगेटर (m)	naivīgetar
mécanicien (m)	मैकेनिक (m)	maikenik
démineur (m)	सैपर (m)	saipar
parachutiste (m)	छतरीबाज़ (m)	chhatarībāz
éclaireur (m)	जासूस (m)	jāsūs
tireur (m) d'élite	निशानची (m)	nishānachī
patrouille (f)	गश्त (m)	gasht
patrouiller (vi)	गश्त लगाना	gasht lagāna
sentinelle (f)	प्रहरी (m)	praharī
guerrier (m)	सैनिक (m)	sainik
héros (m)	हिरो (m)	hiro
héroïne (f)	हिरोइन (f)	hiroin
patriote (m)	देशभक्त (m)	deshabhakt
traître (m)	गद्दार (m)	gaddār
déserteur (m)	भगोड़ा (m)	bhagora
déserter (vt)	भाग जाना	bhāg jāna
mercenaire (m)	भाड़े का सैनिक (m)	bhāre ka sainik
recrue (f)	रंगरूट (m)	rangarūt
volontaire (m)	स्वयंसेवी (m)	svayansevī
mort (m)	मृतक (m)	mrtak
blessé (m)	घायल (m)	ghāyal
prisonnier (m) de guerre	युद्ध क़ैदी (m)	yuddh qaidī

112. La guerre. Partie 1

guerre (f)	युद्ध (m)	yuddh
faire la guerre	युद्ध करना	yuddh karana

guerre (f) civile	गृहयुद्ध (m)	grhayuddh
perfidement (adv)	विश्वासघाती ढंग से	vishvāsaghātī dhang se
déclaration (f) de guerre	युद्ध का एलान (m)	yuddh ka elān
déclarer (la guerre)	एलान करना	elān karana
agression (f)	हमला (m)	hamala
attaquer (~ un pays)	हमला करना	hamala karana
envahir (vt)	हमला करना	hamala karana
envahisseur (m)	आक्रमणकारी (m)	ākramaṇakārī
conquérant (m)	विजेता (m)	vijeta
défense (f)	हिफ़ाज़त (f)	hifāzat
défendre (vt)	हिफ़ाज़त करना	hifāzat karana
se défendre (vp)	के विरुद्ध हिफ़ाज़त करना	ke viruddh hifāzat karana
ennemi (m)	दुश्मन (m)	dushman
adversaire (m)	विपक्ष (m)	vipaksh
ennemi (adj) (territoire ~)	दुश्मनों का	dushmanon ka
stratégie (f)	रणनीति (f)	rananīti
tactique (f)	युक्ति (f)	yukti
ordre (m)	हुक्म (m)	hukm
commande (f)	आज्ञा (f)	āgya
ordonner (vt)	हुक्म देना	hukm dena
mission (f)	मिशन (m)	mishan
secret (adj)	गुप्त	gupt
bataille (f)	लड़ाई (f)	laraī
combat (m)	युद्ध (m)	yuddh
attaque (f)	आक्रमण (m)	ākraman
assaut (m)	धावा (m)	dhāva
prendre d'assaut	धावा करना	dhāva karana
siège (m)	घेरा (m)	ghera
offensive (f)	आक्रमण (m)	ākraman
passer à l'offensive	आक्रमण करना	ākraman karana
retraite (f)	अपयान (m)	apayān
faire retraite	अपयान करना	apayān karana
encerclement (m)	घेराई (f)	gheraī
encercler (vt)	घेरना	gherana
bombardement (m)	बमबारी (f)	bamabārī
lancer une bombe	बम गिराना	bam girāna
bombarder (vt)	बमबारी करना	bamabārī karana
explosion (f)	विस्फोट (m)	visfot
coup (m) de feu	गोली (m)	golī
tirer un coup de feu	गोली चलाना	golī chalāna
fusillade (f)	गोलीबारी (f)	golībārī
viser ... (cible)	निशाना लगाना	nishāna lagāna
pointer (sur ...)	निशाना बांधना	nishāna bāndhana

atteindre (cible)	गोली मारना	golī mārana
faire sombrer	डुबाना	dubāna
trou (m) (dans un bateau)	छेद (m)	chhed
sombrer (navire)	डूबना	dūbana
front (m)	मोरचा (m)	moracha
évacuation (f)	निकास (m)	nikās
évacuer (vt)	निकास करना	nikās karana
barbelés (m pl)	कांटेदार तार (m)	kāntedār tār
barrage (m) (~ antichar)	बाड़ (m)	bār
tour (f) de guet	बुर्ज (m)	burj
hôpital (m)	सैनिक अस्पताल (m)	sainik aspatāl
blesser (vt)	घायल करना	ghāyal karana
blessure (f)	घाव (m)	ghāv
blessé (m)	घायल (m)	ghāyal
être blessé	घायल होना	ghāyal hona
grave (blessure)	गम्भीर	gambhīr

113. La guerre. Partie 2

captivité (f)	क़ैद (f)	qaid
captiver (vt)	क़ैद करना	qaid karana
être prisonnier	क़ैद में रखना	qaid men rakhana
être fait prisonnier	क़ैद में लेना	qaid men lena
camp (m) de concentration	कन्सेंट्रेशन कैंप (m)	kansentreshan kaimp
prisonnier (m) de guerre	युद्ध-क़ैदी (m)	yuddh-qaidī
s'enfuir (vp)	क़ैद से भाग जाना	qaid se bhāg jāna
trahir (vt)	गद्दारी करना	gaddārī karana
traître (m)	गद्दार (m)	gaddār
trahison (f)	गद्दारी (f)	gaddārī
fusiller (vt)	फाँसी देना	fānsī dena
fusillade (f) (exécution)	प्राणदण्ड (f)	prānadand
équipement (m) (uniforme, etc.)	फौजी पोशाक (m)	faujī poshak
épaulette (f)	कंधे का फीता (m)	kandhe ka fīta
masque (m) à gaz	गैस मास्क (m)	gais māsk
émetteur (m) radio	ट्रांस-रिसिवर (m)	trāns-risivar
chiffre (m) (code)	गुप्तलेख (m)	guptalekh
conspiration (f)	गुप्तता (f)	guptata
mot (m) de passe	पासवर्ड (m)	pāsavard
mine (f) terrestre	बारूदी सुरंग (f)	bārūdī surang
miner (poser des mines)	सुरंग खोदना	surang khodana
champ (m) de mines	सुरंग-क्षेत्र (m)	surang-kshetr
alerte (f) aérienne	हवाई हमले की चेतावनी (f)	havaī hamale kī chetāvanī
signal (m) d'alarme	चेतावनी (f)	chetāvanī

signal (m)	सिग्नल (m)	signal
fusée signal (f)	सिग्नल रॉकेट (m)	signal roket
état-major (m)	सैनिक मुख्यालय (m)	sainik mukhyālay
reconnaissance (f)	जासूसी देख-भाल (m)	jāsūsī dekh-bhāl
situation (f)	हालत (f)	hālat
rapport (m)	रिपोर्ट (m)	riport
embuscade (f)	घात (f)	ghāt
renfort (m)	बलवृद्धि (m)	balavrddhi
cible (f)	निशाना (m)	nishāna
polygone (m)	प्रशिक्षण क्षेत्र (m)	prashikshan kshetr
manœuvres (f pl)	युद्धाभ्यास (m pl)	yuddhābhyās
panique (f)	भगदड़ (f)	bhagadar
dévastation (f)	तबाही (f)	tabāhī
destructions (f pl) (ruines)	विनाश (m pl)	vināsh
détruire (vt)	नष्ट करना	nasht karana
survivre (vi)	जीवित रहना	jīvit rahana
désarmer (vt)	निरस्त्र करना	nirastr karana
manier (une arme)	हथियार चलाना	hathiyār chalāna
Garde-à-vous! Fixe!	सावधान!	sāvadhān!
Repos!	आराम!	ārām!
exploit (m)	साहस का कार्य (m)	sāhas ka kāry
serment (m)	शपथ (f)	shapath
jurer (de faire qch)	शपथ लेना	shapath lena
décoration (f)	पदक (m)	padak
décorer (de la médaille)	इनाम देना	inām dena
médaille (f)	मेडल (m)	medal
ordre (m) (~ du Mérite)	आर्डर (m)	ārdar
victoire (f)	विजय (m)	vijay
défaite (f)	हार (f)	hār
armistice (m)	युद्धविराम (m)	yuddhavirām
drapeau (m)	झंडा (m)	jhanda
gloire (f)	प्रताप (m)	pratāp
défilé (m)	परेड (m)	pared
marcher (défiler)	मार्च करना	mārch karana

114. Les armes

arme (f)	हथियार (m)	hathiyār
armes (f pl) à feu	हथियार (m)	hathiyār
armes (f pl) blanches	पैने हथियार (m)	paine hathiyār
arme (f) chimique	रसायनिक शस्त्र (m)	rasāyanik shastr
nucléaire (adj)	आण्विक	ānvik
arme (f) nucléaire	आण्विक-शस्त्र (m)	ānvik-shastr
bombe (f)	बम (m)	bam

bombe (f) atomique	परमाणु बम (m)	paramānu bam
pistolet (m)	पिस्तौल (m)	pistaul
fusil (m)	बंदूक (m)	bandūk
mitraillette (f)	टामी गन (f)	tāmī gan
mitrailleuse (f)	मशीन गन (f)	mashīn gan
bouche (f)	नालमुख (m)	nālamukh
canon (m)	नाल (m)	nāl
calibre (m)	नली का व्यास (m)	nalī ka vyās
gâchette (f)	घोड़ा (m)	ghora
mire (f)	लक्षक (m)	lakshak
magasin (m)	मैगज़ीन (m)	maigazīn
crosse (f)	कुंदा (m)	kunda
grenade (f) à main	ग्रेनेड (m)	grened
explosif (m)	विस्फोटक (m)	visfotak
balle (f)	गोली (f)	golī
cartouche (f)	कारतूस (m)	kāratūs
charge (f)	गति (f)	gati
munitions (f pl)	गोला बारूद (m pl)	gola bārūd
bombardier (m)	बमबार (m)	bamabār
avion (m) de chasse	लड़ाकू विमान (m)	larākū vimān
hélicoptère (m)	हेलीकॉप्टर (m)	helikoptar
pièce (f) de D.C.A.	विमान-विध्वंस तोप (f)	vimān-vidhvans top
char (m)	टैंक (m)	taink
canon (m) d'un char	तोप (m)	top
artillerie (f)	तोपें (m)	topen
pointer (~ l'arme)	निशाना बांधना	nishāna bāndhana
obus (m)	गोला (m)	gola
obus (m) de mortier	मोटार बम (m)	mortār bam
mortier (m)	मोटार (m)	mortār
éclat (m) d'obus	किरच (m)	kirach
sous-marin (m)	पनडुब्बी (f)	panadubbī
torpille (f)	टोरपीडो (m)	torapīdo
missile (m)	रॉकेट (m)	roket
charger (arme)	बंदूक भरना	bandūk bharana
tirer (vt)	गोली चलाना	golī chalāna
viser ... (cible)	निशाना लगाना	nishāna lagāna
baïonnette (f)	किरिच (m)	kirich
épée (f)	खंजर (m)	khanjar
sabre (m)	कृपाण (m)	krpān
lance (f)	भाला (m)	bhāla
arc (m)	धनुष (m)	dhanush
flèche (f)	बाण (m)	bān
mousquet (m)	मसकट (m)	masakat
arbalète (f)	क्रॉसबो (m)	krosabo

115. Les hommes préhistoriques

primitif (adj)	आदिकालीन	ādikālīn
préhistorique (adj)	प्रागैतिहासिक	prāgaitihāsik
ancien (adj)	प्राचीन	prāchīn
Âge (m) de pierre	पाषाण युग (m)	pāshān yug
Âge (m) de bronze	कांस्य युग (m)	kānsy yug
période (f) glaciaire	हिम युग (m)	him yug
tribu (f)	जनजाति (f)	janajāti
cannibale (m)	नरभक्षी (m)	narabhakshī
chasseur (m)	शिकारी (m)	shikārī
chasser (vi, vt)	शिकार करना	shikār karana
mammouth (m)	प्राचीन युग हाथी (m)	prāchīn yug hāthī
caverne (f)	गुफ़ा (f)	gufa
feu (m)	अग्नि (m)	agni
feu (m) de bois	अलाव (m)	alāv
dessin (m) rupestre	शिला चित्र (m)	shila chitr
outil (m)	औज़ार (m)	auzār
lance (f)	भाला (m)	bhāla
hache (f) en pierre	पत्थर की कुल्हाड़ी (f)	patthar kī kulhārī
faire la guerre	युद्ध पर होना	yuddh par hona
domestiquer (vt)	जानवरों को पालतू बनाना	jānavaron ko pālatū banāna
idole (f)	मूर्ति (f)	mūrti
adorer, vénérer (vt)	पूजना	pūjana
superstition (f)	अंधविश्वास (m)	andhavishvās
rite (m)	अनुष्ठान (m)	anushthān
évolution (f)	उद्भव (m)	udbhav
développement (m)	विकास (m)	vikās
disparition (f)	गायब (m)	gāyab
s'adapter (vp)	अनुकूल बनाना	anukūl banāna
archéologie (f)	पुरातत्व (m)	purātatv
archéologue (m)	पुरातत्वविद (m)	purātatvavid
archéologique (adj)	पुरातात्विक	purātātvik
site (m) d'excavation	खुदाई क्षेत्र (m pl)	khudaī kshetr
fouilles (f pl)	उत्खनन (f)	utkhanan
trouvaille (f)	खोज (f)	khoj
fragment (m)	टुकड़ा (m)	tukara

116. Le Moyen Âge

peuple (m)	लोग (m)	log
peuples (m pl)	लोग (m pl)	log
tribu (f)	जनजाति (f)	janajāti
tribus (f pl)	जनजातियाँ (f pl)	janajātiyān
Barbares (m pl)	बर्बर (m pl)	barbar

Gaulois (m pl)	गॉल्स (m pl)	gols
Goths (m pl)	गोथ्स (m pl)	goths
Slaves (m pl)	स्लैव्स (m pl)	slaivs
Vikings (m pl)	वाइकिंग्स (m pl)	vaikings
Romains (m pl)	रोमन (m pl)	roman
romain (adj)	रोमन	roman
byzantins (m pl)	बाइज़ेंटीनी (m pl)	baizentīnī
Byzance (f)	बाइज़ेंटीयम (m)	baizentīyam
byzantin (adj)	बाइज़ेंटीन	baizentīn
empereur (m)	सम्राट् (m)	samrāt
chef (m)	सरदार (m)	saradār
puissant (adj)	प्रबल	prabal
roi (m)	बादशाह (m)	bādashāh
gouverneur (m)	शासक (m)	shāsak
chevalier (m)	योद्धा (m)	yoddha
féodal (m)	सामंत (m)	sāmant
féodal (adj)	सामंतिक	sāmantik
vassal (m)	जागीरदार (m)	jāgīradār
duc (m)	ड्यूक (m)	dyūk
comte (m)	अर्ल (m)	arl
baron (m)	बैरन (m)	bairan
évêque (m)	बिशप (m)	bishap
armure (f)	कवच (m)	kavach
bouclier (m)	ढाल (m)	dhāl
glaive (m)	तलवार (f)	talavār
visière (f)	मुखावरण (m)	mukhāvaran
cotte (f) de mailles	कवच (m)	kavach
croisade (f)	धर्मयुद्ध (m)	dharmayuddh
croisé (m)	धर्मयोद्धा (m)	dharmayoddha
territoire (m)	प्रदेश (m)	pradesh
attaquer (~ un pays)	हमला करना	hamala karana
conquérir (vt)	जीतना	jītana
occuper (envahir)	कब्ज़ा करना	kabza karana
siège (m)	घेरा (m)	ghera
assiégé (adj)	घेरा हुआ	ghera hua
assiéger (vt)	घेरना	gherana
inquisition (f)	न्यायिक जांच (m)	nyāyik jānch
inquisiteur (m)	न्यायिक जांचकर्ता (m)	nyāyik jānchakarta
torture (f)	घोर शारीरिक यंत्रणा (f)	ghor sharīrik yantrana
cruel (adj)	निर्दयी	nirdayī
hérétique (m)	विधर्मी (m)	vidharmī
hérésie (f)	विधर्म (m)	vidharm
navigation (f) en mer	जहाज़रानी (f)	jahāzarānī
pirate (m)	समुद्री लुटेरा (m)	samudrī lūtera
piraterie (f)	समुद्री डकैती (f)	samudrī dakaitī

abordage (m)	बोर्डिंग (m)	bording
butin (m)	लूट का माल (m)	lūt ka māl
trésor (m)	ख़ज़ाना (m)	khazāna
découverte (f)	खोज (f)	khoj
découvrir (vt)	नई ज़मीन खोजना	naī zamīn khojana
expédition (f)	अभियान (m)	abhiyān
mousquetaire (m)	बंदूक धारी सिपाही (m)	bandūk dhārī sipāhī
cardinal (m)	कार्डिनल (m)	kārdinal
héraldique (f)	शौर्यशास्त्र (f)	shauryashāstr
héraldique (adj)	हेरल्डिक	heraldik

117. Les dirigeants. Les responsables. Les autorités

roi (m)	बादशाह (m)	bādashāh
reine (f)	महारानी (f)	mahārānī
royal (adj)	राजसी	rājasī
royaume (m)	राज्य (m)	rājy
prince (m)	राजकुमार (m)	rājakumār
princesse (f)	राजकुमारी (f)	rājakumārī
président (m)	राष्ट्रपति (m)	rāshtrapati
vice-président (m)	उपराष्ट्रपति (m)	uparāshtrapati
sénateur (m)	सांसद (m)	sānsad
monarque (m)	सम्राट (m)	samrāt
gouverneur (m)	शासक (m)	shāsak
dictateur (m)	तानाशाह (m)	tānāshāh
tyran (m)	तानाशाह (m)	tānāshāh
magnat (m)	रईस (m)	raīs
directeur (m)	निदेशक (m)	nideshak
chef (m)	मुखिया (m)	mukhiya
gérant (m)	मैनेजर (m)	mainejar
boss (m)	साहब (m)	sāhab
patron (m)	मालिक (m)	mālik
chef (m) (~ d'une délégation)	मुखिया (m)	mukhiya
autorités (f pl)	अधिकारी वर्ग (m pl)	adhikārī varg
supérieurs (m pl)	अधिकारी (m)	adhikārī
gouverneur (m)	राज्यपाल (m)	rājyapāl
consul (m)	वाणिज्य-दूत (m)	vānijy-dūt
diplomate (m)	राजनयिक (m)	rājanayik
maire (m)	महापालिकाध्यक्ष (m)	mahāpālikādhyaksh
shérif (m)	प्रधान हाकिम (m)	pradhān hākim
empereur (m)	सम्राट (m)	samrāt
tsar (m)	राजा (m)	rāja
pharaon (m)	फिरौन (m)	firaun
khan (m)	ख़ान (m)	khān

118. Les crimes. Les criminels. Partie 1

bandit (m)	डाकू (m)	dākū
crime (m)	जुर्म (m)	jurm
criminel (m)	अपराधी (m)	aparādhī
voleur (m)	चोर (m)	chor
vol (m)	चोरी (f)	chorī
kidnapper (vt)	अपहरण करना	apaharan karana
kidnapping (m)	अपहरण (m)	apaharan
kidnappeur (m)	अपहरणकर्ता (m)	apaharanakartta
rançon (f)	फ़िरौती (f)	firautī
exiger une rançon	फ़िरौती मांगना	firautī māngana
cambrioler (vt)	लूटना	lūtana
cambrioleur (m)	लुटेरा (m)	lutera
extorquer (vt)	ऐंठना	ainthana
extorqueur (m)	वसूलिकर्ता (m)	vasūlikarta
extorsion (f)	जबरन वसूली (m)	jabaran vasūlī
tuer (vt)	मारना	mārana
meurtre (m)	हत्या (f)	hatya
meurtrier (m)	हत्यारा (m)	hatyāra
coup (m) de feu	गोली (m)	golī
tirer un coup de feu	गोली चलाना	golī chalāna
abattre (par balle)	गोली मारकर हत्या करना	golī mārakar hatya karana
tirer (vi)	गोली चलाना	golī chalāna
coups (m pl) de feu	गोलीबारी (f)	golībārī
incident (m)	घटना (f)	ghatana
bagarre (f)	झगड़ा (m)	jhagara
Au secours!	बचाओ!	bachao!
victime (f)	शिकार (m)	shikār
endommager (vt)	हानि पहुँचाना	hāni pahunchāna
dommage (m)	नुक्सान (m)	nuksān
cadavre (m)	शव (m)	shav
grave (~ crime)	गंभीर	gambhīr
attaquer (vt)	आक्रमण करना	ākraman karana
battre (frapper)	पीटना	pītana
passer à tabac	पीट जाना	pīt jāna
prendre (voler)	लूटना	lūtana
poignarder (vt)	चाकू से मार डालना	chākū se mār dālana
mutiler (vt)	अपाहिज करना	apāhij karana
blesser (vt)	घाव करना	ghāv karana
chantage (m)	ब्लैकमेल (m)	blaikamel
faire chanter	धमकी से रुपया ऐंठना	dhamakī se rupaya ainthana
maître (m) chanteur	ब्लैकमेलर (m)	blaikamelar
racket (m) de protection	ठग व्यापार (m)	thag vyāpār

racketteur (m)	ठग व्यापारी (m)	thag vyāpārī
gangster (m)	गैंगस्टर (m)	gaingastar
mafia (f)	माफ़िया (f)	māfiya
pickpocket (m)	जेबकतरा (m)	jebakatara
cambrioleur (m)	सेंधमार (m)	sendhamār
contrebande (f) (trafic)	तस्करी (m)	taskarī
contrebandier (m)	तस्कर (m)	taskar
contrefaçon (f)	जालसाज़ी (f)	jālasāzī
falsifier (vt)	जालसाज़ी करना	jalasāzī karana
faux (falsifié)	नक़ली	naqalī

119. Les crimes. Les criminels. Partie 2

viol (m)	बलात्कार (m)	balātkār
violer (vt)	बलात्कार करना	balātkār karana
violeur (m)	बलात्कारी (m)	balātkārī
maniaque (m)	कामोन्मादी (m)	kāmonmādī
prostituée (f)	वैश्या (f)	vaishya
prostitution (f)	वेश्यावृत्ति (m)	veshyāvrtti
souteneur (m)	भड़ुआ (m)	bharua
drogué (m)	नशेबाज़ (m)	nashebāz
trafiquant (m) de drogue	नशीली दवा के विक्रेता (m)	nashīlī dava ke vikreta
faire exploser	विस्फोट करना	visfot karana
explosion (f)	विस्फोट (m)	visfot
mettre feu	आग जलाना	āg jalāna
incendiaire (m)	आग जलानेवाला (m)	āg jalānevāla
terrorisme (m)	आतंकवाद (m)	ātankavād
terroriste (m)	आतंकवादी (m)	ātankavādī
otage (m)	बंधक (m)	bandhak
escroquer (vt)	धोखा देना	dhokha dena
escroquerie (f)	धोखा (m)	dhokha
escroc (m)	धोखेबाज़ (m)	dhokhebāz
soudoyer (vt)	रिश्वत देना	rishvat dena
corruption (f)	रिश्वतखोरी (m)	rishvatakhorī
pot-de-vin (m)	रिश्वत (m)	rishvat
poison (m)	ज़हर (m)	zahar
empoisonner (vt)	ज़हर खिलाना	zahar khilāna
s'empoisonner (vp)	ज़हर खाना	zahar khāna
suicide (m)	आत्महत्या (f)	ātmahatya
suicidé (m)	आत्महत्यारा (m)	ātmahatyāra
menacer (vt)	धमकाना	dhamakāna
menace (f)	धमकी (f)	dhamakī
attenter (vt)	प्रयत्न करना	prayatn karana

attentat (m)	हत्या का प्रयत्न (m)	hatya ka prayatn
voler (un auto)	चुराना	churāna
détourner (un avion)	विमान का अपहरण करना	vimān ka apaharan karana
vengeance (f)	बदला (m)	badala
se venger (vp)	बदला लेना	badala lena
torturer (vt)	घोर शारीरिक यंत्रणा पहुंचाना	ghor sharīrik yantrana pahunchāna
torture (f)	घोर शारीरिक यंत्रणा (f)	ghor sharīrik yantrana
tourmenter (vt)	सताना	satāna
pirate (m)	समुद्री लुटेरा (m)	samudrī lūtera
voyou (m)	बदमाश (m)	badamāsh
armé (adj)	सशस्त्र	sashastr
violence (f)	अत्याचार (m)	atyachār
espionnage (m)	जासूसी (f)	jāsūsī
espionner (vt)	जासूसी करना	jāsūsī karana

120. La police. La justice. Partie 1

justice (f)	मुक़दमा (m)	muqadama
tribunal (m)	न्यायालय (m)	nyāyālay
juge (m)	न्यायाधीश (m)	nyāyādhīsh
jury (m)	जूरी सदस्य (m pl)	jūrī sadasy
cour (f) d'assises	जूरी (f)	jūrī
juger (vt)	मुक़दमा सुनना	muqadama sunana
avocat (m)	वकील (m)	vakīl
accusé (m)	मुलज़िम (m)	mulazim
banc (m) des accusés	अदालत का कठघरा (m)	adālat ka kathaghara
inculpation (f)	आरोप (m)	ārop
inculpé (m)	मुलज़िम (m)	mulazim
condamnation (f)	निर्णय (m)	nirnay
condamner (vt)	निर्णय करना	nirnay karana
coupable (m)	दोषी (m)	doshī
punir (vt)	सज़ा देना	saza dena
punition (f)	सज़ा (f)	saza
amende (f)	जुर्माना (m)	jurmāna
détention (f) à vie	आजीवन कारावास (m)	ājīvan karāvās
peine (f) de mort	मृत्युदंड (m)	mrtyudand
chaise (f) électrique	बिजली की कुर्सी (f)	bijalī kī kursī
potence (f)	फांसी का तख़्ता (m)	fānsī ka takhta
exécuter (vt)	फांसी देना	fānsī dena
exécution (f)	मौत की सज़ा (f)	maut kī saza
prison (f)	जेल (f)	jel
cellule (f)	जेल का कमरा (m)	jel ka kamara

escorte (f)	अनुरक्षक दल (m)	anurakshak dal
gardien (m) de prison	जेल का पहरेदार (m)	jel ka paharedār
prisonnier (m)	क़ैदी (m)	qaidī
menottes (f pl)	हथकड़ी (f)	hathakaṛī
mettre les menottes	हथकड़ी लगाना	hathakaṛī lagāna
évasion (f)	काराभंग (m)	kārābhang
s'évader (vp)	जेल से फरार हो जाना	jel se farār ho jāna
disparaître (vi)	ग़ायब हो जाना	gāyab ho jāna
libérer (vt)	जेल से आज़ाद होना	jel se āzād hona
amnistie (f)	राजक्षमा (f)	rājakshama
police (f)	पुलिस (m)	pulis
policier (m)	पुलिसवाला (m)	pulisavāla
commissariat (m) de police	थाना (m)	thāna
matraque (f)	रबड़ की लाठी (f)	rabar kī lāthī
haut parleur (m)	मेगाफ़ोन (m)	megāfon
voiture (f) de patrouille	गश्त कार (f)	gasht kār
sirène (f)	साइरन (f)	sairan
enclencher la sirène	साइरन बजाना	sairan bajāna
hurlement (m) de la sirène	साइरन की चिल्लाहट (m)	sairan kī chillāhat
lieu (m) du crime	घटना स्थल (m)	ghatana sthal
témoin (m)	गवाह (m)	gavāh
liberté (f)	आज़ादी (f)	āzādī
complice (m)	सह अपराधी (m)	sah aparādhī
s'enfuir (vp)	भाग जाना	bhāg jāna
trace (f)	निशान (m)	nishān

121. La police. La justice. Partie 2

recherche (f)	तफ़तीश (f)	tafatīsh
rechercher (vt)	तफ़तीश करना	tafatīsh karana
suspicion (f)	शक (m)	shak
suspect (adj)	शक करना	shak karana
arrêter (dans la rue)	रोकना	rokana
détenir (vt)	रोक के रखना	rok ke rakhana
affaire (f) (~ pénale)	मुकदमा (m)	mukadama
enquête (f)	जांच (f)	jānch
détective (m)	जासूस (m)	jāsūs
enquêteur (m)	जांचकर्ता (m)	jānchakartta
hypothèse (f)	अंदाज़ा (m)	andāza
motif (m)	वजह (f)	vajah
interrogatoire (m)	पूछताछ (f)	pūchhatāchh
interroger (vt)	पूछताछ करना	pūchhatāchh karana
interroger (~ les voisins)	पूछताछ करना	puchhatāchh karana
inspection (f)	जांच (f)	jānch
rafle (f)	घेराव (m)	gherāv
perquisition (f)	तलाशी (f)	talāshī

poursuite (f)	पीछा (m)	pīchha
poursuivre (vt)	पीछा करना	pīchha karana
dépister (vt)	खोज निकालना	khoj nikālana
arrestation (f)	गिरफ्तारी (f)	giraftārī
arrêter (vt)	गिरफ्तार करना	giraftār karana
attraper (~ un criminel)	पकड़ना	pakarana
capture (f)	पकड़ (m)	pakar
document (m)	दस्तावेज़ (m)	dastāvez
preuve (f)	सबूत (m)	sabūt
prouver (vt)	साबित करना	sābit karana
empreinte (f) de pied	पैरों के निशान (m)	pairon ke nishān
empreintes (f pl) digitales	उंगलियों के निशान (m)	ungaliyon ke nishān
élément (m) de preuve	सबूत (m)	sabūt
alibi (m)	अन्यत्रता (m)	anyatrata
innocent (non coupable)	बेगुनाह	begunāh
injustice (f)	अन्याय (m)	anyāy
injuste (adj)	अन्यायपूर्ण	anyāyapūrn
criminel (adj)	आपराधिक	āparādhik
confisquer (vt)	कुर्क करना	kurk karana
drogue (f)	अवैध पदार्थ (m)	avaidh padārth
arme (f)	हथियार (m)	hathiyār
désarmer (vt)	निरस्त्र करना	nirastr karana
ordonner (vt)	हुक्म देना	hukm dena
disparaître (vi)	गायब होना	gāyab hona
loi (f)	कानून (m)	kānūn
légal (adj)	कानूनी	kānūnī
illégal (adj)	अवैध	avaidh
responsabilité (f)	ज़िम्मेदारी (f)	zimmedārī
responsable (adj)	ज़िम्मेदार	zimmedār

LA NATURE

La Terre. Partie 1

122. L'espace cosmique

cosmos (m)	अंतरिक्ष (m)	antariksh
cosmique (adj)	अंतरिक्षीय	antarikshīy
espace (m) cosmique	अंतरिक्ष (m)	antariksh
univers (m)	ब्रह्माण्ड (m)	brahmānd
galaxie (f)	आकाशगंगा (f)	ākāshaganga
étoile (f)	सितारा (m)	sitāra
constellation (f)	नक्षत्र (m)	nakshatr
planète (f)	ग्रह (m)	grah
satellite (m)	उपग्रह (m)	upagrah
météorite (m)	उल्का पिंड (m)	ulka pind
comète (f)	पुच्छल तारा (m)	puchchhal tāra
astéroïde (m)	ग्रहिका (f)	grahika
orbite (f)	ग्रहपथ (m)	grahapath
tourner (vi)	चक्कर लगना	chakkar lagana
atmosphère (f)	वातावरण (m)	vātāvaran
Soleil (m)	सूरज (m)	sūraj
système (m) solaire	सौर प्रणाली (f)	saur pranālī
éclipse (f) de soleil	सूर्य ग्रहण (m)	sūry grahan
Terre (f)	पृथ्वी (f)	prthvī
Lune (f)	चांद (m)	chānd
Mars (m)	मंगल (m)	mangal
Vénus (f)	शुक्र (m)	shukr
Jupiter (m)	बृहस्पति (m)	brhaspati
Saturne (m)	शनि (m)	shani
Mercure (m)	बुध (m)	budh
Uranus (m)	अरुण (m)	arun
Neptune (m)	वरुण (m)	varūn
Pluton (m)	प्लूटो (m)	plūto
la Voie Lactée	आकाश गंगा (f)	ākāsh ganga
la Grande Ours	सप्तर्षिमंडल (m)	saptarshimandal
la Polaire	ध्रुव तारा (m)	dhruv tāra
martien (m)	मंगल ग्रह का निवासी (m)	mangal grah ka nivāsī
extraterrestre (m)	अन्य नक्षत्र का निवासी (m)	any nakshatr ka nivāsī

alien (m)	अन्य नक्षत्र का निवासी (m)	any nakshatr ka nivāsī
soucoupe (f) volante	उड़न तश्तरी (f)	uran tashtarī
vaisseau (m) spatial	अंतरिक्ष विमान (m)	antariksh vimān
station (f) orbitale	अंतरिक्ष अड्डा (m)	antariksh adda
lancement (m)	चालू करना (m)	chālū karana
moteur (m)	इंजन (m)	injan
tuyère (f)	नोज़ल (m)	nozal
carburant (m)	ईंधन (m)	īndhan
cabine (f)	केबिन (m)	kebin
antenne (f)	एरियल (m)	eriyal
hublot (m)	विमान गवाक्ष (m)	vimān gavāksh
batterie (f) solaire	सौर पेनल (m)	saur penal
scaphandre (m)	अंतरिक्ष पोशाक (m)	antariksh poshāk
apesanteur (f)	भारहीनता (m)	bhārahīnata
oxygène (m)	ऑक्सीजन (m)	āksījan
arrimage (m)	डॉकिंग (f)	doking
s'arrimer à ...	डॉकिंग करना	doking karana
observatoire (m)	वेधशाला (m)	vedhashāla
télescope (m)	दूरबीन (f)	dūrabīn
observer (vt)	देखना	dekhana
explorer (un cosmos)	जाँचना	jānchana

123. La Terre

Terre (f)	पृथ्वी (f)	prthvī
globe (m) terrestre	गोला (m)	gola
planète (f)	ग्रह (m)	grah
atmosphère (f)	वातावरण (m)	vātāvaran
géographie (f)	भूगोल (m)	bhūgol
nature (f)	प्रकृति (f)	prakrti
globe (m) de table	गोलक (m)	golak
carte (f)	नक्शा (m)	naksha
atlas (m)	मानचित्रावली (f)	mānachitrāvalī
Europe (f)	यूरोप (m)	yūrop
Asie (f)	एशिया (f)	eshiya
Afrique (f)	अफ्रीका (m)	afrīka
Australie (f)	ऑस्ट्रेलिया (m)	ostreliya
Amérique (f)	अमेरिका (f)	amerika
Amérique (f) du Nord	उत्तरी अमेरिका (f)	uttarī amerika
Amérique (f) du Sud	दक्षिणी अमेरिका (f)	dakshinī amerika
l'Antarctique (m)	अंटार्कटिक (m)	antārkatik
l'Arctique (m)	आर्कटिक (m)	ārkatik

124. Les quatre parties du monde

nord (m)	उत्तर (m)	uttar
vers le nord	उत्तर की ओर	uttar kī or
au nord	उत्तर में	uttar men
du nord (adj)	उत्तरी	uttarī
sud (m)	दक्षिण (m)	dakshin
vers le sud	दक्षिण की ओर	dakshin kī or
au sud	दक्षिण में	dakshin men
du sud (adj)	दक्षिणी	dakshinī
ouest (m)	पश्चिम (m)	pashchim
vers l'occident	पश्चिम की ओर	pashchim kī or
à l'occident	पश्चिम में	pashchim men
occidental (adj)	पश्चिमी	pashchimī
est (m)	पूर्व (m)	pūrv
vers l'orient	पूर्व की ओर	pūrv kī or
à l'orient	पूर्व में	pūrv men
oriental (adj)	पूर्वी	pūrvī

125. Les océans et les mers

mer (f)	सागर (m)	sāgar
océan (m)	महासागर (m)	mahāsāgar
golfe (m)	खाड़ी (f)	khārī
détroit (m)	जलग्रीवा (f)	jalagrīva
continent (m)	महाद्वीप (m)	mahādvīp
île (f)	द्वीप (m)	dvīp
presqu'île (f)	प्रायद्वीप (m)	prāyadvīp
archipel (m)	द्वीप समूह (m)	dvīp samūh
baie (f)	तट-खाड़ी (f)	tat-khārī
port (m)	बंदरगाह (m)	bandaragāh
lagune (f)	लैगून (m)	laigūn
cap (m)	अंतरीप (m)	antarīp
atoll (m)	एटोल (m)	etol
récif (m)	रीफ़ (m)	rīf
corail (m)	प्रवाल (m)	pravāl
récif (m) de corail	प्रवाल रीफ़ (m)	pravāl rīf
profond (adj)	गहरा	gahara
profondeur (f)	गहराई (f)	gaharaī
abîme (m)	रसातल (m)	rasātal
fosse (f) océanique	गढ़ा (m)	garha
courant (m)	धारा (f)	dhāra
baigner (vt) (mer)	घिरा होना	ghira hona
littoral (m)	किनारा (m)	kināra
côte (f)	तटबंध (m)	tatabandh

marée (f) haute	ज्वार (m)	jvār
marée (f) basse	भाटा (m)	bhāta
banc (m) de sable	रेती (m)	retī
fond (m)	तला (m)	tala
vague (f)	तरंग (f)	tarang
crête (f) de la vague	तरंग शिखर (f)	tarang shikhar
mousse (f)	झाग (m)	jhāg
ouragan (m)	तुफ़ान (m)	tufān
tsunami (m)	सुनामी (f)	sunāmī
calme (m)	शांत (m)	shānt
calme (tranquille)	शांत	shānt
pôle (m)	ध्रुव (m)	dhruv
polaire (adj)	ध्रुवीय	dhruvīy
latitude (f)	अक्षांश (m)	akshānsh
longitude (f)	देशान्तर (m)	deshāntar
parallèle (f)	समांतर-रेखा (f)	samāntar-rekha
équateur (m)	भूमध्य रेखा (f)	bhūmadhy rekha
ciel (m)	आकाश (f)	ākāsh
horizon (m)	क्षितिज (m)	kshitij
air (m)	हवा (f)	hava
phare (m)	प्रकाशस्तंभ (m)	prakāshastambh
plonger (vi)	गोता मारना	gota mārana
sombrer (vi)	डूब जाना	dūb jāna
trésor (m)	ख़ज़ाना (m)	khazāna

126. Les noms des mers et des océans

océan (m) Atlantique	अटलांटिक महासागर (m)	atalāntik mahāsāgar
océan (m) Indien	हिन्द महासागर (m)	hind mahāsāgar
océan (m) Pacifique	प्रशांत महासागर (m)	prashānt mahāsāgar
océan (m) Glacial	उत्तरी ध्रुव महासागर (m)	uttarī dhuv mahāsāgar
mer (f) Noire	काला सागर (m)	kāla sāgar
mer (f) Rouge	लाल सागर (m)	lāl sāgar
mer (f) Jaune	पीला सागर (m)	pīla sāgar
mer (f) Blanche	सफ़ेद सागर (m)	safed sāgar
mer (f) Caspienne	कैस्पियन सागर (m)	kaispiyan sāgar
mer (f) Morte	मृत सागर (m)	mrt sāgar
mer (f) Méditerranée	भूमध्य सागर (m)	bhūmadhy sāgar
mer (f) Égée	ईजियन सागर (m)	ījiyan sāgar
mer (f) Adriatique	एड्रिएटिक सागर (m)	edrietik sāgar
mer (f) Arabique	अरब सागर (m)	arab sāgar
mer (f) du Japon	जापान सागर (m)	jāpān sāgar
mer (f) de Béring	बेरिंग सागर (m)	bering sāgar
mer (f) de Chine Méridionale	दक्षिण चीन सागर (m)	dakshin chīn sāgar

mer (f) de Corail	कोरल सागर (m)	koral sāgar
mer (f) de Tasman	तस्मान सागर (m)	tasmān sāgar
mer (f) Caraïbe	करिबियन सागर (m)	karibiyan sāgar
mer (f) de Barents	बैरेंट्स सागर (m)	bairents sāgar
mer (f) de Kara	काड़ा सागर (m)	kāra sāgar
mer (f) du Nord	उत्तर सागर (m)	uttar sāgar
mer (f) Baltique	बाल्टिक सागर (m)	bāltik sāgar
mer (f) de Norvège	नार्वे सागर (m)	nārve sāgar

127. Les montagnes

montagne (f)	पहाड़ (m)	pahār
chaîne (f) de montagnes	पर्वत माला (f)	parvat māla
crête (f)	पहाड़ों का सिलसिला (m)	pahāron ka silasila
sommet (m)	चोटी (f)	chotī
pic (m)	शिखर (m)	shikhar
pied (m)	तलहटी (f)	talahatī
pente (f)	ढलान (f)	dhalān
volcan (m)	ज्वालामुखी (m)	jvālāmukhī
volcan (m) actif	सक्रिय ज्वालामुखी (m)	sakriy jvālāmukhī
volcan (m) éteint	निष्क्रिय ज्वालामुखी (m)	nishkriy jvālāmukhī
éruption (f)	विस्फोटन (m)	visfotan
cratère (m)	ज्वालामुखी का मुख (m)	jvālāmukhī ka mukh
magma (m)	मैग्मा (m)	maigma
lave (f)	लावा (m)	lāva
en fusion (lave ~)	पिघला हुआ	pighala hua
canyon (m)	घाटी (m)	ghātī
défilé (m) (gorge)	तंग घाटी (f)	tang ghātī
crevasse (f)	दरार (m)	darār
col (m) de montagne	मार्ग (m)	mārg
plateau (m)	पठार (m)	pathār
rocher (m)	शिला (f)	shila
colline (f)	टीला (m)	tīla
glacier (m)	हिमनद (m)	himanad
chute (f) d'eau	झरना (m)	jharana
geyser (m)	उष्ण जल स्रोत (m)	ushn jal srot
lac (m)	तालाब (m)	tālāb
plaine (f)	समतल प्रदेश (m)	samatal pradesh
paysage (m)	परिदृश्य (m)	paridrshy
écho (m)	गूँज (f)	gūnj
alpiniste (m)	पर्वतारोही (m)	parvatārohī
varappeur (m)	पर्वतारोही (m)	parvatārohī
conquérir (vt)	चोटी पर पहुँचना	chotī par pahunchana
ascension (f)	चढ़ाव (m)	charhāv

128. Les noms des chaînes de montagne

Alpes (f pl)	आल्पस (m)	ālpas
Mont Blanc (m)	मोन्ट ब्लैंक (m)	mont blaink
Pyrénées (f pl)	पाइरीनीज़ (f pl)	pairīnīz
Carpates (f pl)	कार्पाथियेन्स (m)	kārpāthiyens
Monts Oural (m pl)	यूरल (m)	yūral
Caucase (m)	कोकेशिया के पहाड़ (m)	kokeshiya ke pahār
Elbrous (m)	एल्ब्रस पर्वत (m)	elbras parvat
Altaï (m)	अल्टाई पर्वत (m)	altaī parvat
Tian Chan (m)	तियान शान (m)	tiyān shān
Pamir (m)	पामीर पर्वत (m)	pāmīr parvat
Himalaya (m)	हिमालय (m)	himālay
Everest (m)	माउंट एवरेस्ट (m)	maunt evarest
Andes (f pl)	एंडीज़ (f pl)	endīz
Kilimandjaro (m)	किलीमन्जारो (m)	kilīmanjāro

129. Les fleuves

rivière (f), fleuve (m)	नदी (f)	nadī
source (f)	झरना (m)	jharana
lit (m) (d'une rivière)	नदी तल (m)	nadī tal
bassin (m)	बेसिन (m)	besin
se jeter dans ...	गिरना	girana
affluent (m)	उपनदी (f)	upanadī
rive (f)	तट (m)	tat
courant (m)	धारा (f)	dhāra
en aval	बहाव के साथ	bahāv ke sāth
en amont	बहाव के विरुद्ध	bahāv ke virūddh
inondation (f)	बाढ़ (f)	bārh
les grandes crues	बाढ़ (f)	bārh
déborder (vt)	उमड़ना	umarana
inonder (vt)	पानी से भरना	pānī se bharana
bas-fond (m)	छिछला पानी (m)	chhichhala pānī
rapide (m)	तेज़ उतार (m)	tez utār
barrage (m)	बांध (m)	bāndh
canal (m)	नहर (f)	nahar
lac (m) de barrage	जलाशय (m)	jalāshay
écluse (f)	स्लूस (m)	slūs
plan (m) d'eau	जल स्रोत (m)	jal srot
marais (m)	दलदल (f)	daladal
fondrière (f)	दलदल (f)	daladal
tourbillon (m)	भंवर (m)	bhanvar
ruisseau (m)	झरना (m)	jharana

potable (adj)	पीने का	pīne ka
douce (l'eau ~)	ताज़ा	tāza
glace (f)	बर्फ़ (m)	barf
être gelé	जम जाना	jam jāna

130. Les noms des fleuves

Seine (f)	सीन (f)	sīn
Loire (f)	लॉयर (f)	loyar
Tamise (f)	थेम्स (f)	thems
Rhin (m)	राइन (f)	rain
Danube (m)	डेन्यूब (f)	denyūb
Volga (f)	वोल्गा (f)	volga
Don (m)	डॉन (f)	don
Lena (f)	लेना (f)	lena
Huang He (m)	ह्वांग हे (f)	hvāng he
Yangzi Jiang (m)	यांग्त्ज़ी (f)	yāngtzī
Mékong (m)	मेकांग (f)	mekāng
Gange (m)	गंगा (f)	ganga
Nil (m)	नील (f)	nīl
Congo (m)	कांगो (f)	kāngo
Okavango (m)	ओकावान्गो (f)	okāvāngo
Zambèze (m)	ज़म्बेज़ी (f)	zambezī
Limpopo (m)	लिम्पोपो (f)	limpopo
Mississippi (m)	मिसिसिपी (f)	misisipī

131. La forêt

forêt (f)	जंगल (m)	jangal
forestier (adj)	जंगली	jangalī
fourré (m)	घना जंगल (m)	ghana jangal
bosquet (m)	उपवान (m)	upavān
clairière (f)	खुला छोटा मैदान (m)	khula chhota maidān
broussailles (f pl)	झाड़ियाँ (f pl)	jhāriyān
taillis (m)	झाड़ियों भरा मैदान (m)	jhāriyon bhara maidān
sentier (m)	फुटपाथ (m)	futapāth
ravin (m)	नाली (f)	nālī
arbre (m)	पेड़ (m)	per
feuille (f)	पत्ता (m)	patta
feuillage (m)	पत्तियां (f)	pattiyān
chute (f) de feuilles	पतझड़ (m)	patajhar
tomber (feuilles)	गिरना	girana

sommet (m)	शिखर (m)	shikhar
rameau (m)	टहनी (f)	tahanī
branche (f)	शाखा (f)	shākha
bourgeon (m)	कलिका (f)	kalika
aiguille (f)	सुई (f)	suī
pomme (f) de pin	शंकुफल (m)	shankufal
creux (m)	खोखला (m)	khokhala
nid (m)	घोंसला (m)	ghonsala
terrier (m) (~ d'un renard)	बिल (m)	bil
tronc (m)	तना (m)	tana
racine (f)	जड़ (f)	jar
écorce (f)	छाल (f)	chhāl
mousse (f)	काई (f)	kaī
déraciner (vt)	उखाड़ना	ukhārana
abattre (un arbre)	काटना	kātana
déboiser (vt)	जंगल काटना	jangal kātana
souche (f)	ठूंठ (m)	thūnth
feu (m) de bois	अलाव (m)	alāv
incendie (m)	जंगल की आग (f)	jangal kī āg
éteindre (feu)	आग बुझाना	āg bujhāna
garde (m) forestier	वनरक्षक (m)	vanarakshak
protection (f)	रक्षा (f)	raksha
protéger (vt)	रक्षा करना	raksha karana
braconnier (m)	चोर शिकारी (m)	chor shikārī
piège (m) à mâchoires	फंदा (m)	fanda
cueillir (vt)	बटोरना	batorana
s'égarer (vp)	रास्ता भूलना	rāsta bhūlana

132. Les ressources naturelles

ressources (f pl) naturelles	प्राकृतिक संसाधन (m pl)	prākrtik sansādhan
minéraux (m pl)	खनिज पदार्थ (m pl)	khanij padārth
gisement (m)	तह (f pl)	tah
champ (m) (~ pétrolifère)	क्षेत्र (m)	kshetr
extraire (vt)	खोदना	khodana
extraction (f)	खनिकर्म (m)	khanikarm
minerai (m)	अयस्क (m)	ayask
mine (f) (site)	खान (f)	khān
puits (m) de mine	शैफ़्ट (m)	shaifat
mineur (m)	खनिक (m)	khanik
gaz (m)	गैस (m)	gais
gazoduc (m)	गैस पाइप लाइन (m)	gais paip lain
pétrole (m)	पेट्रोल (m)	petrol
pipeline (m)	तेल पाइप लाइन (m)	tel paip lain
tour (f) de forage	तेल का कुँआ (m)	tel ka kuna

derrick (m)	डेरिक (m)	derik
pétrolier (m)	टैंकर (m)	tainkar
sable (m)	रेत (m)	ret
calcaire (m)	चूना पत्थर (m)	chūna patthar
gravier (m)	बजरी (f)	bajarī
tourbe (f)	पीट (m)	pīt
argile (f)	मिट्टी (f)	mittī
charbon (m)	कोयला (m)	koyala
fer (m)	लोहा (m)	loha
or (m)	सोना (m)	sona
argent (m)	चाँदी (f)	chāndī
nickel (m)	गिलट (m)	gilat
cuivre (m)	ताँबा (m)	tānba
zinc (m)	जस्ता (m)	jasta
manganèse (m)	अयस (m)	ayas
mercure (m)	पारा (f)	pāra
plomb (m)	सीसा (f)	sīsa
minéral (m)	खनिज (m)	khanij
cristal (m)	क्रिस्टल (m)	kristal
marbre (m)	संगमरमर (m)	sangamaramar
uranium (m)	यूरेनियम (m)	yūreniyam

La Terre. Partie 2

133. Le temps

temps (m)	मौसम (m)	mausam
météo (f)	मौसम का पूर्वानुमान (m)	mausam ka pūrvānumān
température (f)	तापमान (m)	tāpamān
thermomètre (m)	थर्मामीटर (m)	tharmāmīṭar
baromètre (m)	बैरोमीटर (m)	bairomīṭar
humidité (f)	नमी (f)	namī
chaleur (f) (canicule)	गरमी (f)	garamī
torride (adj)	गरम	garam
il fait très chaud	गरमी है	garamī hai
il fait chaud	गरम है	garam hai
chaud (modérément)	गरम	garam
il fait froid	ठंडक है	thandak hai
froid (adj)	ठंडा	thanda
soleil (m)	सूरज (m)	sūraj
briller (soleil)	चमकना	chamakana
ensoleillé (jour ~)	धूपदार	dhūpadār
se lever (vp)	उगना	ugana
se coucher (vp)	डूबना	dūbana
nuage (m)	बादल (m)	bādal
nuageux (adj)	मेघाच्छादित	meghāchchhādit
nuée (f)	घना बादल (m)	ghana bādal
sombre (adj)	बदली	badalī
pluie (f)	बारिश (f)	bārish
il pleut	बारिश हो रही है	bārish ho rahī hai
pluvieux (adj)	बरसाती	barasātī
bruiner (v imp)	बूंदाबांदी होना	būndābāndī hona
pluie (f) torrentielle	मूसलधार बारिश (f)	mūsaladhār bārish
averse (f)	मूसलधार बारिश (f)	mūsaladhār bārish
forte (la pluie ~)	भारी	bhārī
flaque (f)	पोखर (m)	pokhar
se faire mouiller	भीगना	bhīgana
brouillard (m)	कुहरा (m)	kuhara
brumeux (adj)	कुहरेदार	kuharedār
neige (f)	बर्फ़ (f)	barf
il neige	बर्फ़ पड़ रही है	barf par rahī hai

134. Les intempéries. Les catastrophes naturelles

orage (m)	गरजवाला तुफ़ान (m)	garajavāla tufān
éclair (m)	बिजली (m)	bijalī
éclater (foudre)	चमकना	chamakana
tonnerre (m)	गरज (m)	garaj
gronder (tonnerre)	बादल गरजना	bādal garajana
le tonnerre gronde	बादल गरज रहा है	bādal garaj raha hai
grêle (f)	ओला (m)	ola
il grêle	ओले पड़ रहे हैं	ole par rahe hain
inonder (vt)	बाढ़ आ जाना	bārh ā jāna
inondation (f)	बाढ़ (f)	bārh
tremblement (m) de terre	भूकंप (m)	bhūkamp
secousse (f)	झटका (m)	jhataka
épicentre (m)	अधिकेंद्र (m)	adhikendr
éruption (f)	उद्गार (m)	udgār
lave (f)	लावा (m)	lāva
tourbillon (m)	बवंडर (m)	bavandar
tornade (f)	टोर्नेडो (m)	tornedo
typhon (m)	रतूफ़ान (m)	ratūfān
ouragan (m)	समुद्री तूफ़ान (m)	samudrī tūfān
tempête (f)	तुफ़ान (m)	tufān
tsunami (m)	सुनामी (f)	sunāmī
cyclone (m)	चक्रवात (m)	chakravāt
intempéries (f pl)	ख़राब मौसम (m)	kharāb mausam
incendie (m)	आग (f)	āg
catastrophe (f)	प्रलय (m)	pralay
météorite (m)	उल्का पिंड (m)	ulka pind
avalanche (f)	हिमस्खलन (m)	himaskhalan
éboulement (m)	हिमस्खलन (m)	himaskhalan
blizzard (m)	बर्फ़ का तुफ़ान (m)	barf ka tufān
tempête (f) de neige	बर्फ़ीला तुफ़ान (m)	barfila tufān

La faune

135. Les mammifères. Les prédateurs

prédateur (m)	परभक्षी (m)	parabhakshī
tigre (m)	बाघ (m)	bāgh
lion (m)	शेर (m)	sher
loup (m)	भेड़िया (m)	bheriya
renard (m)	लोमड़ी (f)	lomri
jaguar (m)	जागुआर (m)	jāguār
léopard (m)	तेंदुआ (m)	tendua
guépard (m)	चीता (m)	chīta
panthère (f)	काला तेंदुआ (m)	kāla tendua
puma (m)	पहाड़ी बिलाव (m)	pahāḍī bilāv
léopard (m) de neiges	हिम तेंदुआ (m)	him tendua
lynx (m)	वन बिलाव (m)	van bilāv
coyote (m)	कोयोट (m)	koyot
chacal (m)	गीदड़ (m)	gīdar
hyène (f)	लकड़बग्घा (m)	lakarabaggha

136. Les animaux sauvages

animal (m)	जानवर (m)	jānavar
bête (f)	जानवर (m)	jānavar
écureuil (m)	गिलहरी (f)	gilaharī
hérisson (m)	कांटा-चूहा (m)	kānta-chūha
lièvre (m)	खरगोश (m)	kharagosh
lapin (m)	खरगोश (m)	kharagosh
blaireau (m)	बिज्जू (m)	bijjū
raton (m)	रैकून (m)	raikūn
hamster (m)	हैम्स्टर (m)	haimstar
marmotte (f)	मारमोट (m)	māramot
taupe (f)	छछूंदर (m)	chhachhūndar
souris (f)	चूहा (m)	chūha
rat (m)	घूस (m)	ghūs
chauve-souris (f)	चमगादड़ (m)	chamagādar
hermine (f)	नेवला (m)	nevala
zibeline (f)	सेबल (m)	sebal
martre (f)	मारटेन (m)	māraten
belette (f)	नेवला (m)	nevala
vison (m)	मिंक (m)	mink

castor (m)	ऊदबिलाव (m)	ūdabilāv
loutre (f)	ऊदबिलाव (m)	ūdabilāv
cheval (m)	घोड़ा (m)	ghora
élan (m)	मूस (m)	mūs
cerf (m)	हिरण (m)	hiran
chameau (m)	ऊंट (m)	ūnt
bison (m)	बाइसन (m)	baisan
aurochs (m)	जंगली बैल (m)	jangalī bail
buffle (m)	भैंस (m)	bhains
zèbre (m)	ज़ेबरा (m)	zebara
antilope (f)	मृग (f)	mrg
chevreuil (m)	मृगनी (f)	mrgnī
biche (f)	चीतल (m)	chītal
chamois (m)	शैमी (f)	shaimī
sanglier (m)	जंगली सुअर (m)	jangalī suār
baleine (f)	ह्वेल (f)	hvel
phoque (m)	सील (m)	sīl
morse (m)	वॉलरस (m)	volaras
ours (m) de mer	फर सील (f)	far sīl
dauphin (m)	डॉलफ़िन (f)	dolafin
ours (m)	रीछ (m)	rīchh
ours (m) blanc	सफ़ेद रीछ (m)	safed rīchh
panda (m)	पांडा (m)	pānda
singe (m)	बंदर (m)	bandar
chimpanzé (m)	वनमानुष (m)	vanamānush
orang-outang (m)	वनमानुष (m)	vanamānush
gorille (m)	गोरिला (m)	gorila
macaque (m)	अफ़्रीकन लंगूर (m)	afrikan langūr
gibbon (m)	गिब्बन (m)	gibban
éléphant (m)	हाथी (m)	hāthī
rhinocéros (m)	गैंडा (m)	gainda
girafe (f)	जिराफ़ (f)	jirāf
hippopotame (m)	दरियाई घोड़ा (m)	dariyaī ghora
kangourou (m)	कंगारू (m)	kangārū
koala (m)	कोआला (m)	koāla
mangouste (f)	नेवला (m)	nevala
chinchilla (m)	चिनचीला (f)	chinachīla
mouffette (f)	स्कंक (m)	skank
porc-épic (m)	शल्यक (f)	shalyak

137. Les animaux domestiques

chat (m) (femelle)	बिल्ली (f)	billī
chat (m) (mâle)	बिल्ला (m)	billa
chien (m)	कुत्ता (m)	kutta

cheval (m)	घोड़ा (m)	ghora
étalon (m)	घोड़ा (m)	ghora
jument (f)	घोड़ी (f)	ghorī
vache (f)	गाय (f)	gāy
taureau (m)	बैल (m)	bail
bœuf (m)	बैल (m)	bail
brebis (f)	भेड़ (f)	bher
mouton (m)	भेड़ा (m)	bhera
chèvre (f)	बकरी (f)	bakarī
bouc (m)	बकरा (m)	bakara
âne (m)	गधा (m)	gadha
mulet (m)	खच्चर (m)	khachchar
cochon (m)	सुअर (m)	suar
pourceau (m)	घेंटा (m)	ghenta
lapin (m)	खरगोश (m)	kharagosh
poule (f)	मुर्गी (f)	murgī
coq (m)	मुर्गा (m)	murga
canard (m)	बतख़ (f)	battakh
canard (m) mâle	नर बतख़ (m)	nar battakh
oie (f)	हंस (m)	hans
dindon (m)	नर टर्की (m)	nar tarkī
dinde (f)	टर्की (f)	tarkī
animaux (m pl) domestiques	घरेलू पशु (m pl)	gharelū pashu
apprivoisé (adj)	पालतू	pālatū
apprivoiser (vt)	पालतू बनाना	pālatū banāna
élever (vt)	पालना	pālana
ferme (f)	खेत (m)	khet
volaille (f)	मुर्गी पालन (f)	murgī pālan
bétail (m)	मवेशी (m)	maveshī
troupeau (m)	पशु समूह (m)	pashu samūh
écurie (f)	अस्तबल (m)	astabal
porcherie (f)	सुअरखाना (m)	sūarakhāna
vacherie (f)	गोशाला (f)	goshāla
cabane (f) à lapins	खरगोश का दरबा (m)	kharagosh ka daraba
poulailler (m)	मुर्गीखाना (m)	murgīkhāna

138. Les oiseaux

oiseau (m)	चिड़िया (f)	chiriya
pigeon (m)	कबूतर (m)	kabūtar
moineau (m)	गौरैया (f)	gauraiya
mésange (f)	टिटरी (f)	titarī
pie (f)	नीलकण्ठ पक्षी (f)	nīlakanth pakshī
corbeau (m)	काला कौआ (m)	kāla kaua

corneille (f)	कौआ (m)	kaua
choucas (m)	कौआ (m)	kaua
freux (m)	कौआ (m)	kaua
canard (m)	बतख़ (f)	battakh
oie (f)	हंस (m)	hans
faisan (m)	तीतर (m)	tītar
aigle (m)	चील (f)	chīl
épervier (m)	बाज़ (m)	bāz
faucon (m)	बाज़ (m)	bāz
vautour (m)	गिद्ध (m)	giddh
condor (m)	कोन्डोर (m)	kondor
cygne (m)	राजहंस (m)	rājahans
grue (f)	सारस (m)	sāras
cigogne (f)	लकलक (m)	lakalak
perroquet (m)	तोता (m)	tota
colibri (m)	हमिंग बर्ड (f)	haming bard
paon (m)	मोर (m)	mor
autruche (f)	शुतुरमुर्ग (m)	shuturamurg
héron (m)	बगुला (m)	bagula
flamant (m)	फ़्लेमिन्गो (m)	flemingo
pélican (m)	हवासिल (m)	havāsil
rossignol (m)	बुलबुल (m)	bulabul
hirondelle (f)	अबाबील (f)	abābīl
merle (m)	मुखव्रण (f)	mukhavran
grive (f)	मुखव्रण (f)	mukhavran
merle (m) noir	ब्लैकबर्ड (m)	blaikabard
martinet (m)	बतासी (f)	batāsī
alouette (f) des champs	भरत (m)	bharat
caille (f)	वर्तक (m)	varttak
pivert (m)	कठफोड़ा (m)	kathafora
coucou (m)	कोयल (f)	koyal
chouette (f)	उल्लू (m)	ullū
hibou (m)	गरुड़ उल्लू (m)	garūr ullū
tétras (m)	तीतर (m)	tītar
tétras-lyre (m)	काला तीतर (m)	kāla tītar
perdrix (f)	चकोर (m)	chakor
étourneau (m)	तिलिया (f)	tiliya
canari (m)	कनारी (f)	kanārī
gélinotte (f) des bois	पिंगल तीतर (m)	pingal tītar
pinson (m)	फ़िंच (m)	finch
bouvreuil (m)	बुलफ़िंच (m)	bulafinch
mouette (f)	गंगा-चिल्ली (f)	ganga-chillī
albatros (m)	अल्बात्रोस (m)	albātros
pingouin (m)	पेंगुइन (m)	penguin

139. Les poissons. Les animaux marins

brème (f)	ब्रीम (f)	brīm
carpe (f)	कार्प (f)	kārp
perche (f)	पर्च (f)	parch
silure (m)	कैटफ़िश (f)	kaitafish
brochet (m)	पाइक (f)	paik
saumon (m)	सैल्मन (f)	sailman
esturgeon (m)	स्टर्जन (f)	starjan
hareng (m)	हेरिंग (f)	hering
saumon (m) atlantique	अटलांटिक सैल्मन (f)	atalāntik sailman
maquereau (m)	माक्रैल (f)	mākrail
flet (m)	फ़्लैटफ़िश (f)	flaitafish
sandre (f)	पाइक पर्च (f)	paik parch
morue (f)	कॉड (f)	kod
thon (m)	टूना (f)	tūna
truite (f)	ट्राउट (f)	traut
anguille (f)	सर्पमीन (f)	sarpamīn
torpille (f)	विद्युत शंकुश (f)	vidyut shankush
murène (f)	मोरे सर्पमीन (f)	more sarpamīn
piranha (m)	पिरान्हा (f)	pirānha
requin (m)	शार्क (f)	shārk
dauphin (m)	डॉलफ़िन (f)	dolafin
baleine (f)	ह्वेल (f)	hvel
crabe (m)	केकड़ा (m)	kekara
méduse (f)	जेली फ़िश (f)	jelī fish
pieuvre (f), poulpe (m)	आक्टोपस (m)	āktopas
étoile (f) de mer	स्टार फ़िश (f)	stār fish
oursin (m)	जलसाही (f)	jalasāhī
hippocampe (m)	समुद्री घोड़ा (m)	samudrī ghora
huître (f)	कस्तूरा (m)	kastūra
crevette (f)	झींगा (f)	jhīnga
homard (m)	लॉब्स्टर (m)	lobsatar
langoustine (f)	स्पाइनी लॉब्स्टर (m)	spainī lobsatar

140. Les amphibiens. Les reptiles

serpent (m)	सर्प (m)	sarp
venimeux (adj)	विषैला	vishaila
vipère (f)	वाइपर (m)	vaipar
cobra (m)	नाग (m)	nāg
python (m)	अजगर (m)	ajagar
boa (m)	अजगर (m)	ajagar
couleuvre (f)	साँप (f)	sānp

serpent (m) à sonnettes	रैटल सर्प (m)	raital sarp
anaconda (m)	एनाकोन्डा (f)	enākonda
lézard (m)	छिपकली (f)	chhipakalī
iguane (m)	इग्यूएना (m)	igyūena
varan (m)	मॉनिटर छिपकली (f)	monitar chhipakalī
salamandre (f)	सैलामैंडर (m)	sailāmaindar
caméléon (m)	गिरगिट (m)	giragit
scorpion (m)	वृश्चिक (m)	vrshchik
tortue (f)	कछुआ (m)	kachhua
grenouille (f)	मेंढक (m)	mendhak
crapaud (m)	भेक (m)	bhek
crocodile (m)	मगर (m)	magar

141. Les insectes

insecte (m)	कीट (m)	kīt
papillon (m)	तितली (f)	titalī
fourmi (f)	चींटी (f)	chīntī
mouche (f)	मक्खी (f)	makkhī
moustique (m)	मच्छर (m)	machchhar
scarabée (m)	भृंग (m)	bhrng
guêpe (f)	हड्डा (m)	hadda
abeille (f)	मधुमक्खी (f)	madhumakkhī
bourdon (m)	भंवरा (m)	bhanvara
œstre (m)	गोमक्खी (f)	gomakkhī
araignée (f)	मकड़ी (f)	makarī
toile (f) d'araignée	मकड़ी का जाल (m)	makarī ka jāl
libellule (f)	व्याध-पतंग (m)	vyādh-patang
sauterelle (f)	टिड्डा (m)	tidda
papillon (m)	पतंगा (m)	patanga
cafard (m)	तिलचट्टा (m)	tilachatta
tique (f)	जुँआ (m)	juna
puce (f)	पिस्सू (m)	pissū
moucheron (m)	भुनगा (m)	bhunaga
criquet (m)	टिड्डी (f)	tiddī
escargot (m)	घोंघा (m)	ghongha
grillon (m)	झींगुर (m)	jhīngur
luciole (f)	जुगनू (m)	juganū
coccinelle (f)	सोनपंखी (f)	sonapankhī
hanneton (m)	कोकचाफ़ (m)	kokachāf
sangsue (f)	जोंक (m)	jok
chenille (f)	इल्ली (f)	illī
ver (m)	केंचुआ (m)	kenchua
larve (f)	कीटडिंभ (m)	kītadimbh

La flore

142. Les arbres

arbre (m)	पेड़ (m)	per
à feuilles caduques	पर्णपाती	parnapātī
conifère (adj)	शंकुधर	shankudhar
à feuilles persistantes	सदाबहार	sadābahār
pommier (m)	सेब वृक्ष (m)	seb vrksh
poirier (m)	नाशपाती का पेड़ (m)	nāshpātī ka per
merisier (m), cerisier (m)	चेरी का पेड़ (f)	cherī ka per
prunier (m)	आलूबुख़ारे का पेड़ (m)	ālūbukhāre ka per
bouleau (m)	सनोबर का पेड़ (m)	sanobar ka per
chêne (m)	बलूत (m)	balūt
tilleul (m)	लिनडेन वृक्ष (m)	linaden vrksh
tremble (m)	आस्पेन वृक्ष (m)	āspen vrksh
érable (m)	मेपल (m)	mepal
épicéa (m)	फर का पेड़ (m)	far ka per
pin (m)	देवदार (m)	devadār
mélèze (m)	लार्च (m)	lārch
sapin (m)	फर (m)	far
cèdre (m)	देवदर (m)	devadar
peuplier (m)	पोप्लर वृक्ष (m)	poplar vrksh
sorbier (m)	रोवाण (m)	rovān
saule (m)	विलो (f)	vilo
aune (m)	आल्डर वृक्ष (m)	āldar vrksh
hêtre (m)	बीच (m)	bīch
orme (m)	एल्म वृक्ष (m)	elm vrksh
frêne (m)	एश-वृक्ष (m)	esh-vrksh
marronnier (m)	चेस्टनट (m)	chestanat
magnolia (m)	मैगनोलिया (f)	maiganoliya
palmier (m)	ताड़ का पेड़ (m)	tār ka per
cyprès (m)	सरो (m)	saro
palétuvier (m)	मैनग्रोव (m)	mainagrov
baobab (m)	गोरक्षी (m)	gorakshī
eucalyptus (m)	यूकेलिप्टस (m)	yūkeliptas
séquoia (m)	संकोइया (f)	sekoiya

143. Les arbustes

buisson (m)	झाड़ी (f)	jhārī
arbrisseau (m)	झाड़ी (f)	jhārī

vigne (f)	अंगूर की बेल (f)	angūr kī bel
vigne (f) (vignoble)	अंगूर का बाग़ (m)	angūr ka bāg
framboise (f)	रास्पबेरी की झाड़ी (f)	rāspaberī kī jhārī
groseille (f) rouge	लाल करेंट की झाड़ी (f)	lāl karent kī jhārī
groseille (f) verte	गूज़बेरी की झाड़ी (f)	gūzaberī kī jhārī
acacia (m)	ऐकेशिय (m)	aikeshiy
berbéris (m)	बारबेरी झाड़ी (f)	bāraberī jhārī
jasmin (m)	चमेली (f)	chamelī
genévrier (m)	जूनिपर (m)	jūnipar
rosier (m)	गुलाब की झाड़ी (f)	gulāb kī jhārī
églantier (m)	जंगली गुलाब (m)	jangalī gulāb

144. Les fruits. Les baies

fruit (m)	फल (m)	fal
fruits (m pl)	फल (m pl)	fal
pomme (f)	सेब (m)	seb
poire (f)	नाशपाती (f)	nāshpātī
prune (f)	आलूबुखारा (m)	ālūbukhāra
fraise (f)	स्ट्रॉबेरी (f)	stroberī
merise (f), cerise (f)	चेरी (f)	cherī
raisin (m)	अंगूर (m)	angūr
framboise (f)	रास्पबेरी (f)	rāspaberī
cassis (m)	काली करेंट (f)	kālī karent
groseille (f) rouge	लाल करेंट (f)	lāl karent
groseille (f) verte	गूज़बेरी (f)	gūzaberī
canneberge (f)	क्रेनबेरी (f)	krenaberī
orange (f)	संतरा (m)	santara
mandarine (f)	नारंगी (f)	nārangī
ananas (m)	अनानास (m)	anānās
banane (f)	केला (m)	kela
datte (f)	खजूर (m)	khajūr
citron (m)	नींबू (m)	nīmbū
abricot (m)	खूबानी (f)	khūbānī
pêche (f)	आड़ू (m)	ārū
kiwi (m)	चीकू (m)	chīkū
pamplemousse (m)	ग्रेपफ्रूट (m)	grepafrūt
baie (f)	बेरी (f)	berī
baies (f pl)	बेरियां (f pl)	beriyān
airelle (f) rouge	काओबेरी (f)	kaoberī
fraise (f) des bois	जंगली स्ट्रॉबेरी (f)	jangalī stroberī
myrtille (f)	बिलबेरी (f)	bilaberī

145. Les fleurs. Les plantes

fleur (f)	फूल (m)	fūl
bouquet (m)	गुलदस्ता (m)	guladasta
rose (f)	गुलाब (f)	gulāb
tulipe (f)	ट्यूलिप (m)	tyūlip
oeillet (m)	गुलनार (m)	gulanār
glaïeul (m)	ग्लेडियोलस (m)	glediyolas
bleuet (m)	नीलकूपी (m)	nīlakūpī
campanule (f)	ब्लूबेल (m)	blūbel
dent-de-lion (f)	कुकरौंधा (m)	kukaraundha
marguerite (f)	कैमोमाइल (m)	kaimomail
aloès (m)	मुसब्बर (m)	musabbar
cactus (m)	कैक्टस (m)	kaiktas
ficus (m)	रबड़ का पौधा (m)	rabar ka paudha
lis (m)	कुमुदिनी (f)	kumudinī
géranium (m)	जेरेनियम (m)	jeraniyam
jacinthe (f)	हायसिंथ (m)	hāyasinth
mimosa (m)	मिमोसा (m)	mimosa
jonquille (f)	नरगिस (f)	naragis
capucine (f)	नस्टाशयम (m)	nastāshayam
orchidée (f)	आर्किड (m)	ārkid
pivoine (f)	पियोनी (f)	piyonī
violette (f)	वॉयलेट (m)	voyalet
pensée (f)	पैंज़ी (m pl)	painzī
myosotis (m)	फर्गेंट मी नाट (m)	fargent mī nāt
pâquerette (f)	गुलबहार (f)	gulabahār
coquelicot (m)	खशखाश (m)	khashakhāsh
chanvre (m)	भांग (f)	bhāng
menthe (f)	पुदीना (m)	pudīna
muguet (m)	कामुदिनी (f)	kāmudinī
perce-neige (f)	सफ़ेद फूल (m)	safed fūl
ortie (f)	बिच्छू बूटी (f)	bichchhū būtī
oseille (f)	सोरेल (m)	sorel
nénuphar (m)	कुमुदिनी (f)	kumudinī
fougère (f)	फर्न (m)	farn
lichen (m)	शैवाक (m)	shaivāk
serre (f) tropicale	शीशाघर (m)	shīshāghar
gazon (m)	घास का मैदान (m)	ghās ka maidān
parterre (m) de fleurs	फुलवारी (f)	fulavārī
plante (f)	पौधा (m)	paudha
herbe (f)	घास (f)	ghās
brin (m) d'herbe	तिनका (m)	tinaka

feuille (f)	पत्ती (f)	pattī
pétale (m)	पंखड़ी (f)	pankharī
tige (f)	डंडी (f)	dandī
tubercule (m)	कंद (m)	kand
pousse (f)	अंकुर (m)	ankur
épine (f)	काँटा (m)	kānta
fleurir (vi)	खिलना	khilana
se faner (vp)	मुरझाना	murajhāna
odeur (f)	बू (m)	bū
couper (vt)	काटना	kātana
cueillir (fleurs)	तोड़ना	torana

146. Les céréales

grains (m pl)	दाना (m)	dāna
céréales (f pl) (plantes)	अनाज की फ़सलें (m pl)	anāj kī fasalen
épi (m)	बाल (f)	bāl
blé (m)	गेहूं (m)	gehūn
seigle (m)	रई (f)	raī
avoine (f)	जई (f)	jaī
millet (m)	बाजरा (m)	bājara
orge (f)	जौ (m)	jau
maïs (m)	मक्का (m)	makka
riz (m)	चावल (m)	chāval
sarrasin (m)	मोथी (m)	mothī
pois (m)	मटर (m)	matar
haricot (m)	राजमा (f)	rājama
soja (m)	सोया (m)	soya
lentille (f)	दाल (m)	dāl
fèves (f pl)	फली (f pl)	falī

LES PAYS DU MONDE. LES NATIONALITÉS

147. L'Europe de l'Ouest

Europe (f)	यूरोप (m)	yūrop
Union (f) européenne	यूरोपीय संघ (m)	yūropīy sangh
Autriche (f)	ऑस्ट्रिया (m)	ostriya
Grande-Bretagne (f)	ग्रेट ब्रिटेन (m)	gret briten
Angleterre (f)	इंग्लैंड (m)	inglaind
Belgique (f)	बेल्जियम (m)	beljiyam
Allemagne (f)	जर्मन (m)	jarman
Pays-Bas (m)	नीदरलैंड्स (m)	nīdaralainds
Hollande (f)	हॉलैंड (m)	holaind
Grèce (f)	ग्रीस (m)	grīs
Danemark (m)	डेन्मार्क (m)	denmārk
Irlande (f)	आयरलैंड (m)	āyaralaind
Islande (f)	आयसलैंड (m)	āyasalaind
Espagne (f)	स्पेन (m)	spen
Italie (f)	इटली (m)	italī
Chypre (m)	साइप्रस (m)	saipras
Malte (f)	माल्टा (m)	mālta
Norvège (f)	नार्वे (m)	nārve
Portugal (m)	पुर्तगाल (m)	purtagāl
Finlande (f)	फ़िनलैंड (m)	finalaind
France (f)	फ्रांस (m)	frāns
Suède (f)	स्वीडन (m)	svīdan
Suisse (f)	स्विट्ज़रलैंड (m)	svitzaralaind
Écosse (f)	स्कॉटलैंड (m)	skotalaind
Vatican (m)	वेटिकन (m)	vetikan
Liechtenstein (m)	लिकटेंस्टीन (m)	likatenstīn
Luxembourg (m)	लक्ज़मबर्ग (m)	lakzamabarg
Monaco (m)	मोनाको (m)	monāko

148. L'Europe Centrale et l'Europe de l'Est

Albanie (f)	अल्बानिया (m)	albāniya
Bulgarie (f)	बुल्गारिया (m)	bulgāriya
Hongrie (f)	हंगरी (m)	hangarī
Lettonie (f)	लाटविया (m)	lātaviya
Lituanie (f)	लिथुआनिया (m)	lithuāniya
Pologne (f)	पोलैंड (m)	polaind

Roumanie (f)	रोमानिया (m)	romāniya
Serbie (f)	सर्बिया (m)	sarbiya
Slovaquie (f)	स्लोवाकिया (m)	slovākiya
Croatie (f)	क्रोएशिया (m)	kroeshiya
République (f) Tchèque	चेक गणतंत्र (m)	chek ganatantr
Estonie (f)	एस्तोनिया (m)	estoniya
Bosnie (f)	बोस्निया और हर्ज़ेगोविना	bosniya aur harzegovina
Macédoine (f)	मेसेडोनिया (m)	mesedoniya
Slovénie (f)	स्लोवेनिया (m)	sloveniya
Monténégro (m)	मोंटेनेग्रो (m)	montenegro

149. Les pays de l'ex-U.R.S.S.

Azerbaïdjan (m)	आज़रबाइजान (m)	āzarabaijān
Arménie (f)	आर्मीनिया (m)	ārmīniya
Biélorussie (f)	बेलारूस (m)	belārūs
Géorgie (f)	जॉर्जिया (m)	jorjiya
Kazakhstan (m)	कज़ाकस्तान (m)	kazākastān
Kirghizistan (m)	किर्गीज़िया (m)	kirgīziya
Moldavie (f)	मोलढोवा (m)	moladova
Russie (f)	रूस (m)	rūs
Ukraine (f)	यूक्रेन (m)	yūkren
Tadjikistan (m)	ताजिकिस्तान (m)	tājikistān
Turkménistan (m)	तुर्कमानिस्तान (m)	turkamānistān
Ouzbékistan (m)	उज़्बेकिस्तान (m)	uzbekistān

150. L'Asie

Asie (f)	एशिया (f)	eshiya
Vietnam (m)	वियतनाम (m)	viyatanām
Inde (f)	भारत (m)	bhārat
Israël (m)	इसायल (m)	isrāyal
Chine (f)	चीन (m)	chīn
Liban (m)	लेबनान (m)	lebanān
Mongolie (f)	मंगोलिया (m)	mangoliya
Malaisie (f)	मलेशिया (m)	maleshiya
Pakistan (m)	पाकिस्तान (m)	pākistān
Arabie (f) Saoudite	सऊदी अरब (m)	saūdī arab
Thaïlande (f)	थाईलैंड (m)	thaīlaind
Taïwan (m)	ताइवान (m)	taivān
Turquie (f)	तुर्की (m)	turkī
Japon (m)	जापान (m)	jāpān
Afghanistan (m)	अफ़ग़ानिस्तान (m)	afagānistān
Bangladesh (m)	बांग्लादेश (m)	bānglādesh

Indonésie (f)	इण्डोनेशिया (m)	indoneshiya
Jordanie (f)	जॉर्डन (m)	jordan
Iraq (m)	इराक़ (m)	irāq
Iran (m)	इरान (m)	irān
Cambodge (m)	कम्बोडिया (m)	kambodiya
Koweït (m)	कुवैत (m)	kuvait
Laos (m)	लाओस (m)	laos
Myanmar (m)	म्यांमर (m)	myāmmar
Népal (m)	नेपाल (m)	nepāl
Fédération (f) des Émirats Arabes Unis	संयुक्त अरब अमीरात (m)	sanyukt arab amīrāt
Syrie (f)	सीरिया (m)	sīriya
Palestine (f)	फ़िलिस्तीन (m)	filistīn
Corée (f) du Sud	दक्षिण कोरिया (m)	dakshin koriya
Corée (f) du Nord	उत्तर कोरिया (m)	uttar koriya

151. L'Amérique du Nord

Les États Unis	संयुक्त राज्य अमरीका (m)	sanyukt rājy amarīka
Canada (m)	कनाडा (m)	kanāda
Mexique (m)	मेक्सिको (m)	meksiko

152. L'Amérique Centrale et l'Amérique du Sud

Argentine (f)	अर्जेंटीना (m)	arjentīna
Brésil (m)	ब्राज़ील (m)	brāzīl
Colombie (f)	कोलम्बिया (m)	kolambiya
Cuba (f)	क्यूबा (m)	kyūba
Chili (m)	चिली (m)	chilī
Bolivie (f)	बोलीविया (m)	bolīviya
Venezuela (f)	वेनेज़ुएला (m)	venezuela
Paraguay (m)	परागुआ (m)	parāgua
Pérou (m)	पेरू (m)	perū
Surinam (m)	सूरीनाम (m)	sūrīnām
Uruguay (m)	उरुग्वे (m)	urugve
Équateur (m)	इक्वेडोर (m)	ikvedor
Bahamas (f pl)	बहामा (m)	bahāma
Haïti (m)	हाइटी (m)	haitī
République (f) Dominicaine	डोमिनिकन रिपब्लिक (m)	dominikan ripablik
Panamá (m)	पनामा (m)	panāma
Jamaïque (f)	जमैका (m)	jamaika

153. L'Afrique

Égypte (f)	मिस्र (m)	misr
Maroc (m)	मोरक्को (m)	morakko
Tunisie (f)	ट्युनीसिया (m)	tyunīsiya
Ghana (m)	घाना (m)	ghāna
Zanzibar (m)	ज़ैंज़िबार (m)	zainzibār
Kenya (m)	केन्या (m)	kenya
Libye (f)	लीबिया (m)	lībiya
Madagascar (f)	मडागास्कार (m)	madāgāskār
Namibie (f)	नामीबिया (m)	nāmībiya
Sénégal (m)	सेनेगाल (m)	senegāl
Tanzanie (f)	तंज़ानिया (m)	tanzāniya
République (f) Sud-africaine	दक्षिण अफ्रीका (m)	dakshin afrīka

154. L'Australie et Océanie

Australie (f)	आस्ट्रेलिया (m)	āstreliya
Nouvelle Zélande (f)	न्यू ज़ीलैंड (m)	nyū zīlaind
Tasmanie (f)	तास्मानिया (m)	tāsmāniya
Polynésie (f) Française	फ्रेंच पॉलीनेशिया (m)	french polīneshiya

155. Les grandes villes

Amsterdam (f)	एम्स्टर्डम (m)	emstardam
Ankara (m)	अंकारा (m)	ankāra
Athènes (m)	एथेन्स (m)	ethens
Bagdad (m)	बगदाद (m)	bagadād
Bangkok (m)	बैंकॉक (m)	bainkok
Barcelone (f)	बार्सिलोना (m)	bārsilona
Berlin (m)	बर्लिन (m)	barlin
Beyrouth (m)	बेरूत (m)	berūt
Bombay (m)	मुम्बई (m)	mumbī
Bonn (f)	बॉन (m)	bon
Bordeaux (f)	बोर्दो (m)	bordo
Bratislava (m)	ब्रातीस्लावा (m)	brātīslāva
Bruxelles (m)	ब्रसेल्स (m)	brasels
Bucarest (m)	बुखारेस्ट (m)	bukhārest
Budapest (m)	बुडापेस्ट (m)	budāpest
Caire (m)	काहिरा (m)	kāhira
Calcutta (f)	कोलकाता (m)	kolakāta
Chicago (f)	शिकागो (m)	shikāgo
Copenhague (f)	कोपनहेगन (m)	kopanahegan
Dar es-Salaam (f)	दार-एस-सलाम (m)	dār-es-salām
Delhi (f)	दिल्ली (f)	dillī

Dubaï (f)	दुबई (m)	dubī
Dublin (f)	डब्लिन (m)	dablin
Düsseldorf (f)	डसेलडोर्फ़ (m)	daseladorf
Florence (f)	फ़्लोरेंस (m)	florens
Francfort (f)	फ़्रैंकफ़र्ट (m)	frainkfart
Genève (f)	जेनेवा (m)	jeneva
Hague (f)	हेग (m)	heg
Hambourg (f)	हैम्बर्ग (m)	haimbarg
Hanoi (f)	हनोई (m)	hanoī
Havane (f)	हवाना (m)	havāna
Helsinki (f)	हेलसिंकी (m)	helasinkī
Hiroshima (f)	हिरोशीमा (m)	hiroshīma
Hong Kong (m)	हांगकांग (m)	hāngakāng
Istanbul (f)	इस्तांबुल (m)	istāmbul
Jérusalem (f)	यरूशलम (m)	yarūshalam
Kiev (f)	कीव (m)	kīv
Kuala Lumpur (f)	कुआला लुम्पुर (m)	kuāla lumpur
Lisbonne (f)	लिस्बन (m)	lisban
Londres (m)	लंदन (m)	landan
Los Angeles (f)	लॉस एंजेलेस (m)	los enjeles
Lyon (f)	लिओन (m)	lion
Madrid (f)	मेड्रिड (m)	medrid
Marseille (f)	मार्सेल (m)	mārsel
Mexico (f)	मेक्सिको सिटी (f)	meksiko sitī
Miami (f)	मियामी (m)	miyāmī
Montréal (f)	मांट्रियल (m)	māntriyal
Moscou (f)	मॉस्को (m)	mosko
Munich (f)	म्यूनिख़ (m)	myūnikh
Nairobi (f)	नैरोबी (m)	nairobī
Naples (f)	नेपल्स (m)	nepals
New York (f)	न्यू यॉर्क (m)	nyū york
Nice (f)	नीस (m)	nīs
Oslo (m)	ओस्लो (m)	oslo
Ottawa (m)	ओटावा (m)	otāva
Paris (m)	पेरिस (m)	peris
Pékin (m)	बीजिंग (m)	bījing
Prague (m)	प्राग (m)	prāg
Rio de Janeiro (m)	रिओ डे जैनेरो (m)	rio de jainero
Rome (f)	रोम (m)	rom
Saint-Pétersbourg (m)	सेंट पीटरस्बर्ग (m)	sent pītarasbarg
Séoul (m)	सियोल (m)	siyol
Shanghai (m)	शंघाई (m)	shanghaī
Sidney (m)	सिडनी (m)	sidanī
Singapour (f)	सिंगापुर (m)	singāpur
Stockholm (m)	स्टॉकहोम (m)	stokahom
Taipei (m)	ताइपे (m)	taipe
Tokyo (m)	टोकियो (m)	tokiyo
Toronto (m)	टोरोन्टो (m)	toronto

Varsovie (f)	वॉरसों (m)	voraso
Venise (f)	वीनिस (m)	vīnis
Vienne (f)	विएना (m)	viena
Washington (f)	वॉशिंग्टन (m)	voshingtan

www.ingramcontent.com/pod-product-compliance
Lightning Source LLC
Chambersburg PA
CBHW070601050426
42450CB00011B/2933